Großmutters geheime Rezepte

Aufgedeckt und aufgetischt
von Horst Lichter

Bibliografische Information Der Deutschen Bibliothek
Die Deutsche Bibliothek verzeichnet diese Publikation in der Deutschen Nationalbibliografie; detaillierte bibliografische Daten sind im Internet über http://dnb.ddb.de abrufbar.

1. Auflage 2005

Redaktion: Tanja Dürdoth
Produktion: Susanne Beeh, Jutta Wallrafen
Fotos: Cornelis Gollhardt, Köln/Stephan Wieland, Düsseldorf
Umschlaggestaltung, Layout und Satz: Metzgerei Strzelecki, Köln
Druck: Appl, Wemding
Printed in Germany
ISBN 3-8025-1667-2

Besuchen Sie uns unter: www.vgs.de

Großmutters geheime Rezepte

Aufgedeckt und aufgetischt
von Horst Lichter

vgs EGMONT

Inhalt

71 Lichters Fleischgerichte

93 Lichters Fisch und Meeresfrüchte

101 Lichters Beilagen

115 Lichters Desserts

Die Abkürzungen in den Rezepten bedeuten:

EL	Esslöffel
TL	Teelöffel
Msp.	Messerspitze
Bd.	Bund
Pr.	Prise
Stk.	Stück
Tr.	Tropfen

Soweit nicht anders angegeben, beziehen sich die Mengenangaben in den Rezepten auf 4 Personen.

Interview von Randi Crott mit Horst Lichter in der WDR2-Sendung *MonTalk*

RC: Warum duzen Sie eigentlich alle Ihre Gäste?

HL: Allein dieses Wort »Gast« hat für mich eine sehr persönliche Bedeutung: Wenn ich zu Hause Gäste habe, lade ich ja nur Menschen ein, die ich mag.
Eine ähnliche Idee habe ich auch von meinem Laden. Ich sehe in den Menschen erst mal generell das Gute. Ich sehe jeden zunächst als Freund, da muss er mir schon das Gegenteil beweisen.
Ich koche für meine Gäste und bin für sie da und versuche, eine schöne Atmosphäre zu schaffen, deshalb denke ich, dass das »Du« sehr angebracht ist. Viele Sprachen kommen ohne das »Sie« aus. Natürlich kann ich Menschen auch mit dem »Du« den nötigen Respekt entgegenbringen. Wenn ich jemanden duze, heißt das noch lange nicht, dass ich mich ihm so nähere, dass er sich persönlich angegriffen fühlen könnte.

RC: Sie haben, was ungewöhnlich ist, schon als zwölfjähriger Junge gewusst, dass Sie Koch werden wollten. Nach der Schule haben Sie dann eine dreijährige Lehre gemacht. Hatten Sie einen strengen Lehrherrn?

HL: Ja, aber rückblickend sehe ich ihn als fantastischen Lehrherrn, gerade weil er so streng war. Er war in der Küche ein völlig anderer Mensch als außerhalb. Draußen war er mir sogar ein bisschen ein Papa, ein bisschen ein Freund. Aber in der Küche war er ein sehr, sehr strenger und sehr dominanter Mensch, der auch, wenn etwas schief lief, cholerisch werden konnte und einem die Teller vor die Füße schmiss. Damals empfand ich ihn als böse und gemein, aber im Nachhinein muss ich sagen, er war toll.
Bei ihm habe ich gelernt, was Verantwortung bedeutet. Er hat mir beigebracht, meine Arbeit ernst zu nehmen und dafür zu sorgen, dass das, was ich anfange, auch gut wird. Er sagte immer zu mir: Du musst dich nicht bei mir entschuldigen, geh raus und entschuldige dich bei den Gästen, wenn es sein muss. Damals, als 14/15-jähriges Kind dachte ich, er will mich schikanieren, der ist verrückt!
Nein, war er nicht! Das war eine fantastische Erziehung.

RC: Haben Sie bei ihm im Wesentlichen den Umgang mit Menschen oder auch wirklich fachlich Vieles gelernt, was sie heute noch anwenden?

HL: Fachlich ist er ein Meisterkoch, heute genau so wie damals.
Soweit ich weiß, war er seinerzeit der jüngste Küchenmeister Deutschlands. Ja, ich habe fachlich sehr, sehr viel bei ihm gelernt.
Menschlich habe ich ihn unbewusst immer so ein bisschen bewundert, weil er eine starke Persönlichkeit war. Ein Mensch, der erzählen konnte und dem man auch zugehört hat. Ein Mensch, der gesehen wurde, wenn er den Raum betrat.

Mit all seinen Fehlern - jede Persönlichkeit hat Fehler. Er ist eben einer der wenigen Menschen, die ihre Fehler offen nach außen hin tragen. Diese Fehler für andere Menschen zu beseitigen, dazu war er zu dominant.

RC: So eine Persönlichkeit, die man wahrnimmt, die - im positiven Sinne - Aufsehen erregt, möchten Sie aber doch auch sein, wenn ich Sie richtig verstanden habe?

HL: Mein Lehrherr kam morgens immer mit bösem Blick und sehr schnellem Gang in die Küche geschossen. Wir fürchteten seine Ausbrüche und hielten ihn für einen mürrischen Menschen.
Erst viele Jahre nach der Lehre hat er mir erzählt, warum er das gemacht hat. Er war gar nicht schlecht gelaunt! Er sagte: »Horst, so habt ihr Lehrlinge so einen Schiss vor mir bekommen, dass ihr sofort die gesamte Küche noch mal kontrolliert habt, ob sie sauber ist, ob alles vorbereitet ist - damit ihr für mich was Gutes tut, damit ich nicht böse werde.« Auf diese Weise kam er zum Ziel. Er war eigentlich hervorragender Laune.
Ich dagegen fühle mich am glücklichsten, wenn die Menschen über mich lachen. Wenn ich Menschen zum Lachen oder im positiven Sinne zum Weinen bringe, dann gibt es für mich nichts Schöneres.

RC: Ihre Lebensgefährtin hilft Ihnen in der Oldiethek und Sie haben auch Menschen, die Ihnen bei der Vorbereitung helfen, aber Sie kochen abends ganz allein. Da kommen Sie doch sicher manchmal an Ihre Grenzen. Und da bleiben Sie tatsächlich immer ruhig und freundlich und zugewandt?

HL: Ja, da wundern sich die meisten Menschen drüber.
Es sind bis zu 30 Personen, die direkt am Ofen sitzen und mir zugucken können. Und das tun die auch: Sie drehen sich mit ihren Stühlen um und gucken mir zu, wie ich koche und kriegen den gesamten Betriebsablauf mit.
Ich habe gelernt in meinem Leben, auch aus den Fehlern anderer: Nur die Ruhe, die innere Ruhe kann einem die Kraft geben, Krisensituationen wirklich zu überstehen. Sobald man anfängt, selber hektisch zu werden, geht das Schiff unter. Ich bin hier der Kapitän und wenn der Kapitän nicht mehr das Vertrauen zu sich und seinen Leuten hat, gehen ihm die Leute laufen. Das heißt, meine Mitarbeiter würden Panik kriegen. Wenn einer meiner Mitarbeiter in die Küche kommt und voller Hektik ist und sagt: »Oh Gott im Himmel, das sind so viele Gäste und die wollen so viele Getränke und das und das und das...«, dann sage ich immer: »Moment, stell dich ganz kurz hin, trink was. Denk in Ruhe nach: Das sind alles gaaaanz liebe Menschen - die warten.« Und dann klappt dat.

RC: Hatten Sie von Anfang an diese Ruhe? Ist das Typsache? Oder haben Sie sich das erarbeitet?

HL: In meinem Betrieb hatte ich das von Anfang an, weil der Betrieb langsam gewachsen ist und ich mit ihm. Aber ich war nicht immer so, nein. Das kam alles durch die Erfahrung mit meiner Krankheit, als ich auf einmal Zeit hatte, nachzudenken, sehr viel nachzudenken.

Ich habe nach der Lehre in verschiedenen Restaurants gearbeitet und musste feststellen: So wie ich mir als Kind den Beruf Koch vorgestellt hatte, war er nicht. Man ist als Koch, zumindest in den meisten Lokalen, eingesperrt in einer Küche. In diesen Küchen ist es unendlich laut und sehr stressig, es wird nur geschrien, schon allein wegen der Lautstärke. Man bekommt als Koch in den seltensten Fällen jemals ein Lob von außen, nur die Kritik, die wird immer übermittelt.
Es gibt einen Annoncier, der ansagt, welche Bestellungen kommen, man ruft sich die Kommandos zu: »Essen Nummer soundso ist fertig! Wo sind die Beilagen, wo ist das, wo ist das?« Alle schreien durcheinander.
Und dieser Lärmpegel umgibt einen von morgens früh mit zwei Stunden Mittag bis nachts. Die einzigen Menschen, die man kennen lernt sind die im Zug zur Arbeit hin und zurück, aber auf der Rückfahrt redet keiner mit einem, weil man zu sehr nach Essen riecht – da setzt man sich lieber allein irgendwo hin.
Und in der Küche kommen nicht unbedingt private oder philosophische Gespräche zustande, man redet meist nur miteinander, weil man muss.
Das war nichts für mich, ich war da so unglücklich.
Da mein Vater, mein Großvater und auch mein Urgroßvater bei der Firma Rheinbraun gearbeitet hatten, sagte mein Vater irgendwann zu mir: »Hör mal zu, Jung, das ist es nicht, wenn du so unglücklich bist. Ich sorg dich bei Rheinbraun rein.« Und ich hätte damals alles gemacht, um nicht mehr Koch sein zu müssen.

RC: Wie alt waren Sie da?

HL: Da muss ich mal nachrechnen: Mit 17 war ich Geselle, zwei Jahre lang ... mit 19 bin ich aus dem Beruf raus in die Fabrik. Und da passierten Dinge, die für mich unverständlich waren. Ich kam in die so genannte Frühschicht, bekam einen Besen und sollte einen Raum kehren. Nach einer Stunde war ich fertig. Ich bin zum Meister gelaufen und habe gefragt: »Was mache ich jetzt?«
Er war völlig fassungslos, dass ich mit diesem Raum fertig sein konnte und schickte mich in den nächsten. So ging das, bis mich ein Kollege zur Seite nahm und mir sagte, wie man so etwas machte.
Man machte die erste Stunde Inspektion der Arbeitsstätte, dann Frühstückspause. Dann besorgte man sich die Arbeitsmaterialien, dann machte man die offizielle Frühstückspause, dann fing man an, vorzubereiten, dass man sauber macht, dann ging man in Mittagspause. Danach für eine Stunde ins Büro, das bedeutete eigentlich noch eine Stunde Mittagspause.
Dann musste man Gas geben, damit man fertig wurde mit der Hälfte des Raumes, damit man am nächsten Tag wieder eine neue Arbeitsstätte hatte.
Schön langsam – das war für mich ja überhaupt nichts.
Schön fand ich allerdings den ersten Lohn, denn in der Fabrik bekam ich als Ungelernter mehr als vorher als ausgelernter Koch.

RC: Also bei Rheinbraun gab es einfach mehr Kohle.

HL: Ja, im wahrsten Sinne des Wortes. Kohle ohne Ende.
Natürlich hat es mich nicht zufriedengestellt, als Kehrjunge herumzulaufen, deshalb habe ich versucht, zu lernen, einen festen Arbeitsplatz zu bekommen und

auch Betriebsratsarbeit habe ich gemacht. Damit war ich aber auch nicht glücklich, denn dort habe ich zum erstenmal in meinem Leben Politik kennen gelernt. Und ich war sehr enttäuscht, dass es den meisten darum ging, im Betriebsrat zu sein, weil es mehr Geld gab, was ich ja vorher gar nicht wusste, nämlich dass man als Vorsitzender freigestellt wurde, Meisterlohn bekam, schöne Arbeitsplätze bekam.
All das wurde mir nach und nach bewusst.
Anfangs war ich so euphorisch: Ich besuchte Lehrgänge, ich wollte etwas wissen, ich wollte helfen, ich wollte etwas für die Mitarbeiter tun – ich wollte wirklich etwas bewegen. Da war ich so enttäuscht darüber, dass es den meisten gar nicht darum ging!

RC: Diese Arbeit bei Rheinbraun, die Betriebsratsarbeit, jede Menge Ärger und Stress – da kam bald die Quittung.

HL: Ja, mit 26 Jahren kam der erste Gehirnschlag. Ich war linksseitig gelähmt, sprachbehindert und natürlich sehr, sehr erschrocken. Durch dieses Ereignis habe ich aber dann viele Dinge erlebt, die ich heute rückblickend als sehr schön empfinde, wie etwa die Menschen, die ich im Krankenhaus und im Reha-Zentrum kennen gelernt habe.
Diese Krankheit war eine der schwersten, aber auch eine der wichtigsten Erfahrungen in meinem Leben. Mein Kurzzeitgedächtnis war weg, mein linke Seite war gelähmt, noch dazu wurde ich auf einmal dick durch die Medikamente.
Ich habe dann bemerkt, dass man alles erreichen kann, wenn man wirklich will. Ich habe mein Leben in die Hand genommen und angefangen zu trainieren. Aber der Anfang war sehr schwer, weil ja mein Kurzzeitgedächtnis beschädigt war.
Ich trug immer Stift und Block bei mir und notierte alles, jede Kleinigkeit. Ich habe gelernt, mich über jeden kleinen Erfolg zu freuen und mich selbst zu motivieren.
Nach einem Jahr war ich wieder soweit hergestellt, dass ich arbeiten konnte. Und ich habe wieder da angefangen, wo ich aufgehört hatte, bei Rheinbraun. Wieder auf Wechselschicht. Klar – ich hatte mittlerweile eine junge Familie und mit 21 Jahren schon gebaut, alles sehr, sehr jung – es musste Geld reinkommen.
Ich habe dann allerdings nach einem Jahr mit 28 Jahren den zweiten Gehirnschlag, diesmal mit Herzinfarkt, bekommen und habe daraufhin sehr, sehr lange krank dagelegen.
In dieser Zeit habe ich mich viel mit mir selbst beschäftigt und mit meiner Umwelt und habe meine Ruhe und meine Kraft daraus gezogen, indem ich mich gefragt habe, wie kann man helfen, wie kann ich anderen helfen – schließlich bin ich kein Arzt.

RC: Aber erst einmal ging es doch darum, sich selbst zu helfen.

HL: Das habe ich dadurch getan, dass ich versucht habe, anderen Menschen zu helfen. Ich habe dort im Krankenhaus angefangen, Menschen zum Lachen zu bringen, mit ihnen über ihre Probleme zu reden – und meine eigenen Probleme waren verschwunden.

RC: Das war der Wendepunkt in Ihrem Leben, auch Ihrem beruflichen. Was ist daraus geworden, was haben Sie beschlossen?

HL: Ich habe in vielen Gesprächen mit lieben Menschen, vor allem auch älteren Leuten entdeckt, dass ich einen Traum habe. Und ich habe beschlossen, meinen Traum zu verwirklichen. Mein Traum war mein Laden: Ich wollte einen Laden haben, in dem all das ist, was ich liebe. Alte Autos, Motorräder, Antiquitäten, Kitsch, Kunst, Trödel, Essen und Trinken. Wo man reinkommt und sagt: »Hallo Horst, wie jeht et dir?« Und das auch so meint. Wo man die Menschen kennt, wo man erzählt, wo man Geschichten erlebt. Ich wollte mir meine eigene Welt bauen, mir eine Insel schaffen, wo ein Tisch ein guter Tisch ist, nicht wenn er viel Umsatz gebracht hat, sondern weil es lustig war oder weil man ein gutes Gespräch hatte.

Außerdem hatte ich etwas Schlimmes festgestellt, nämlich dass mein Leben bisher, bis auf meine Kindheit, ein falsches Leben für meine Person war.

Ich war auf einmal da, in einem – bitte nicht falsch verstehen – typisch deutschen Leben: Ich war verheiratet, hatte ein Haus gebaut, ein Kind, eine Arbeit. Da weiß man dann, ich habe noch 22 Jahre, 7 Monate und 6 Tage bis zur Rente. Die größte Angst für mich war, eines Tages im Sessel wach zu werden und mich dabei zu erwischen, wie ich meine Frau anschreie, wo mein Essen und mein Bier bleiben. Ich war in diesem Leben völlig falsch. Es war so, als wenn man versucht, einen Lachs im Aquarium zu züchten.

Also habe ich mit meiner ersten Frau zusammen den schweren Entschluss gefasst, dass wir unsere Ehe nicht fortsetzen wollten, dass ich mein eigenes Leben leben musste. Sie hatte sehr viel Verständnis für mich, und wir sind heute noch sehr gut befreundet.

Dann habe ich 1989 diese alte Halle in Rommerskirchen Butzheim gefunden. Ich hab sie gesehen und hab gesagt, wow, das ist mein Laden. Aber das Gebäude war in keinem guten Zustand: entkernt, teilweise nur Lehm am Boden und kein Putz an den Wänden.

RC: Das heißt, Sie brauchten viel Fantasie und viel Mut.

HL: Ja, man hat viel gelacht über mich in dieser Zeit und hat gesagt, guck mal, der Spinner. Aber ich hatte meine Vision. Ich habe meinen Laden von Anfang an fertig vor mir gesehen.

Es gab zum Glück immer Menschen, die mir geholfen haben. Aber ich war unendlich viele Stunden allein in dieser Halle und habe sehr viel Neues gelernt, fast alles habe ich selbst gebaut. Eine große Schwierigkeit war dabei das Geld, das ich nicht hatte. Aber ich habe mich nicht abhalten lassen. Im Prinzip ist dieser Laden, der Aufbau dieses Ladens meine Medizin gewesen. Ich hoffe, dass ich nicht irgendwann an einer Überdosis dieser Medizin sterben werde.

RC: Sind Sie stolz auf sich?

HL: Ich bin dann stolz, wenn jemand sagt: »Danke, Horst!«

(WDR2, MonTalk vom 7. Januar 2002)

Lichters Kochkurs

Organisieren ist alles

Natürlich gibt es Grenzen des Machbaren, aber wenn man gut organisiert ist, kann man diese sehr weit ausdehnen.
Ohne einen perfekt geplanten Ablauf würde ich an einem üblichen Abend in meiner Oldiethek ganz schön auf dem Schlauch stehen, denn was ich mir alles vornehme, ist eigentlich kaum zu schaffen. Zum einen möchte ich jeden Gast persönlich begrüßen und ihm gemütlich meine Speisekarte erzählen, eine schriftliche gibt es bei mir ja nicht. Zum anderen möchte ich aber auch eigenhändig alles frisch zubereiten und quasi nichts vorkochen.
Im Laufe der Zeit habe ich mein Vorgehen mehr und mehr verbessert und mittlerweile läuft ein Abend in der Oldiethek folgendermaßen ab:

Maximal kann ich an einem Abend etwa 70 Gäste in drei Etappen à 20 bis 25 Personen bewirten. Die ersten Gäste bestelle ich für 18 Uhr. Ich gebe jedem die Hand und stelle mich vor, setze mich dazu und erzähle, welche Gerichte heute zur Auswahl stehen. Wenn die Leute sich entschieden haben, gehe ich in die Küche und richte die Vorspeisen an. Dann lege ich mir zurecht, was ich für die Zubereitung der bestellten Hauptspeisen brauche, und schon ist es 19 Uhr und die zweite Welle Gäste trifft ein. Die begrüße ich natürlich, wir quatschen ein bisschen und die Leute erzählen mir, was sie gern essen würden. Dann gehe ich wieder in meine Küche, mache die Vorspeisen für die zweite Gruppe fertig und bereite direkt im Anschluss die Hauptspeise für die erste Gruppe zu. Nachdem ich diese rausgegeben habe, ist es auch schon wieder 20 Uhr und die letzten Gäste trudeln ein. Auch hier nehme ich mir die Zeit zum Begrüßen und Klönen. Wenn sie ihre Bestellung aufgegeben haben, mache ich in der Küche die Vorspeise fertig und bereite dann erst die Hauptspeise für die zweite und schließlich für die dritte Gruppe zu.

»Horst, warum machst du denn alles alleine?«, fragen mich die Leute. »Lass dir doch helfen!« Ich lass mir ja helfen. Beim Servieren und beim Saubermachen zum Beispiel. Aber das Klönen und das Kochen – nein, das lasse ich mir nicht nehmen, das ist doch mein Leben!

Vor dem Kochen

Stress beim Kochen vermeidet man vor dem Kochen.

Alles bereitstellen

Damit ich beim Kochen gar nicht erst in Stress gerate, bereite ich alles so weit wie möglich vor. Alles, was zu schnibbeln ist, schnibbele ich vorher klein und stelle es mir in Reichweite. Alles, was abgemessen und gewogen werden muss, wird in der benötigten Menge hingestellt und auch die notwendigen Utensilien und Werkzeuge lege ich bereit. So wie bei den Fernsehköchen muss ich dann nachher nur noch alles zusammenwerfen. Das spart ungeheuer viel Zeit und Nerven, denn beim Kochen selbst zählt jede Minute.
Es macht keinen Spaß, wenn man zwischendurch eine Viertelstunde den Schneebesen suchen muss und in dieser Zeit alles anbrennt.

Im Geiste das Gericht schon einmal kochen

Außerdem ist es wichtig, die Arbeitsschritte vor dem Kochen im Geiste schon mal durchzugehen. Beim Kochen nach Rezept ist es also das Beste, das Rezept komplett durchzulesen und das Gericht im Kopf schon einmal theoretisch zu kochen, bevor es an die Praxis geht. So hat man sich mit den einzelnen Schritten und Vorgehensweisen bereits auseinandergesetzt und muss nicht erst anfangen zu überlegen, während gerade die Milch überkocht. Man kann systematisch vorgehen und verliert auch dann nicht den Überblick, wenn mal was schief läuft.

Ordnung halten

Noch aus meiner Lehrzeit habe ich es mir bewahrt, meinen Arbeitsplatz immer sofort nach jedem Arbeitsgang aufzuräumen. Was vielleicht zunächst nach mehr Arbeit aussieht, ist in Wirklichkeit eine große Zeitersparnis und wenn man sich erst mal daran gewöhnt hat, geht es wie von selbst.

Soßen und Suppen

Ob man nun eine Soße oder eine Suppe kochen möchte – am Anfang steht die Brühe.

Eine gute Gemüsebrühe

Um eine Gemüsebrühe zu kochen, gebe ich gewürfeltes Suppengemüse, das sind klassischerweise Möhren, Sellerie, Porree und eventuell ein Stück Petersilienwurzel, in einen großen Topf mit Wasser und lasse es kochen. Sparsame Leute nehmen auch gewaschene Gemüsereste wie Spargel- oder Kartoffelschalen, die sind nicht schön, tragen aber trotzdem den Geschmack in sich.

Das Eiweiß aus dem Gemüse setzt sich an der Oberfläche als Schaum ab, den man immer wieder abschöpfen muss, sonst wird die Brühe trüb.
Als ich in der Lehre war, musste tatsächlich noch immer einer von uns Lehrjungens nachts in der Küche schlafen, damit bei der Brühe, die zwei Tage lang kochte, auch nachts alle zwei Stunden das Eiweiß abgeschöpft werden konnte.
So schrecklich lang muss eine Brühe nicht unbedingt kochen, ein paar Stündchen sollten es aber schon sein. Und zwar immer auf kleiner Temperatur.

Für eine Fleischbrühe füge ich den Zutaten der Gemüsebrühe einen Markknochen oder etwa 1 kg Tafelspitz hinzu und koche beides einfach mit. Den Knochen entferne ich natürlich vor dem Servieren, den Tafelspitz gebe ich als Suppeneinlage klein geschnitten in die fertige Suppe.

Klassisch bindet man eine Brühe mit einer Mehlschwitze. Hierzu gieße ich die Brühe zunächst durch ein Sieb, um die festen Teile herauszufiltern. Diese verwahre ich gegebenenfalls zum späteren Passieren.

Pfuschzettel

Wem das zu lange dauert, der kann getrost auch zur Brühe aus dem Glas greifen. Die sind heutzutage wirklich gut gemacht und von hoher Qualität. Gekörnte Brühe ist geschmacklich nicht so sehr zu empfehlen wie flüssige, kann aber aushelfen, wenn man zu viel Flüssigkeit hat.

Die Mehlschwitze

Eine Mehlschwitze kann jeder und geht blitzschnell. Man muss nur aufpassen, dass sie nicht anbrennt.
Für eine helle Mehlschwitze nehme ich etwas weniger Mehl als für eine dunkle, ansonsten unterscheiden sich die beiden Varianten tatsächlich nur in der Farbe, die ich dadurch bestimmen kann, wie schnell ich rühre. Die Zutaten sind dieselben: Mehl und Fett. Es funktioniert mit jeder Art von Fett, für den Geschmack ist echte gute Butter natürlich am besten.
Ich lasse das Fett in einem Topf flüssig, aber noch nicht heiß werden und rühre mit einem Schneebesen schnell, schnell das Mehl ein. Unter ständigem schnellen Rühren koche ich die Masse auf, sodass es einmal richtig hoch blubbert, denn so verschwindet der Eigengeschmack des Mehles.
Rühren, rühren, rühren, damit es keine Klümpchen gibt!
Für eine dunkle Mehlschwitze (für dunkle Soßen und Suppen) rühre ich einfach etwas weniger hektisch, lasse die Masse also etwas anbrutzeln.

Tipp!

Um Klümpchen von vornherein zu vermeiden, siebe ich das Mehl zunächst durch ein Haarsieb oder nehme das feinere Instantmehl.

Brühe mit Mehlschwitze binden

In die Mehlschwitze rühre ich nach und nach die warme (auf keinen Fall kalte, sonst stockt es sofort) Brühe ein. Immer nur ein bisschen nachgießen und gut verrühren! Zuerst ist es eine richtig zähe Masse, die schwerfällig blubbert. Ich bestimme die Konsistenz der Suppe oder Soße mit der Menge an Brühe, die ich hinzufüge.

Tipp!

Von fertigen Soßenbindern kann ich wirklich nur abraten, weil diese im Gegensatz zur Mehlschwitze, die tatsächlich nur der Konsistenz dient, einen Eigengeschmack haben. Sie sind vorgewürzt und geben so jeder Soße denselben Geschmack. Das finde ich zu schade.

Alternativen zur Mehlschwitze

Liaison

Ich persönlich binde Suppen ja am liebsten nur mit guter Sahne und Ei, die ich in die Brühe einrühre. Da schimpfen zwar alle mit mir, das ist zu teuer, das macht so dick, aber geschmacklich ist eine mit Sahne gebundene Suppe nicht zu übertreffen. Allerdings darf der Fettgehalt der Sahne nicht zu hoch sein, etwa ab 30% Fett in der Sahne wird die Suppe wabbelig, bekommt eher die Konsistenz eines Puddings. Schließlich gebe ich der Suppe mit Eigelb den letzten Schliff. Hierzu rühre ich vorher etwas Sahne unter das Eigelb, damit es nicht stockt. Wichtig: Jetzt auf keinen Fall mehr aufkochen, sonst haben wir Rührei in der Suppe.

Sahne

Eine Cremesuppe erhält ihren tollen Geschmack durch das passierte Gemüse und einen ordentlichen Schuss gute Sahne.

Kalte Butter

Blitzschnell und trotzdem umwerfend lecker ist eine mit eiskalter Butter gebundene Soße. Ich rühre einfach mit dem Schneebesen ein paar Stückchen eiskalter Butter in den Bratensud. Ich rühre ganz schnell und kann buchstäblich zusehen, wie die Soße immer schaumiger und cremiger wird.

Passieren

Für eine gehaltvolle Soße oder eine Cremesuppe führt man die aus der Brühe gefilterten festen Teile, beziehungsweise das beim Braten angefallene Röstgemüse in passierter Form wieder in die Flüssigkeit zurück. Das heißt, alles wird durch ein Sieb gedrückt. Dazu nehme ich ein feines Sieb und einen Esslöffel und wende schon ein bisschen Gewalt an. Eine richtige Manscherei ist das. Wenn man möchte, kann man, was übrig bleibt, schließlich noch durch ein Tuch drücken. Da muss man kräftig drehen und wringen, damit so wenig wie möglich verloren geht.

Suppeneinlage

Erst ganz zum Schluss füge ich der Suppe die Suppeneinlage hinzu, die ich entweder separat zubereitet habe oder, im Falle von Gemüsestückchen, Reis oder Nudeln, noch einige Minuten in der Suppe garen lasse.

1963
Kontrolle
A B
NÜRBURGRING
Ausweis-Karte
für 10 Personenfahrten
über den Nürburgring
PREIS 10,00 DM
Kontrolle
A B

Kännchenmännchen

Manche Leute kennen mich nur unter dem Namen »Kännchenmännchen«, weil ich so verliebt bin in meine kunterbunte Sammlung aus unterschiedlichsten Kannen, Tassen und Geschirr. Gewachsen ist diese Sammlung aber aus der Not heraus: Als ich mit der Oldiethek angefangen habe, hatte ich weder Geld noch Material.

Die ersten Tische und Stühle habe ich vom Sperrmüllhändler, und hier steht auch noch der erste Küchentisch meiner Eltern. Als ich noch ein Baby war, haben sie sich den Anfang der 60er Jahre bei Möbel Fischer hier in Rommerskirchen gekauft. An diesem Tisch haben Mama und Papa Lichter gefrühstückt, und Klein Horsti saß auf dem Schoß.

Ich war am Anfang wirklich darauf angewiesen, dass meine Gäste Sachen beisteuerten. Tischdecken, Teller, altes Besteck, Tassen, Senfgläser, was gerade übrig war.
Zuerst habe ich mich dafür geschämt. »Ich habe nicht einmal drei, vier Teller, die zusammen passen, wie sieht das denn aus!« Nach und nach wurde mir erst klar, was hier Wundervolles entstand. Da kamen zum Beispiel Menschen mit einer Tüte in der Hand zu mir: »Horst, wir würden gern Pfannkuchen essen, aber wir haben auch Tischdecken mitgebracht. Und kannst du auch ein paar Tellerchen gebrauchen?«
In der Oldiethek herrscht ein gegenseitiges Geben und Nehmen, ein Miteinander. So etwas kann man mit Geld nicht bezahlen – das ist ein Geschenk.

So richtig berühmt geworden sind meine Kännchen dann durch die Fernsehsendungen. Als ich im WDR die ersten Gerichte kochen sollte, verglich ich mich mit anderen Fernsehköchen mit ihren exquisiten Zutaten in edlen Gefäßen. Die nahmen die teuersten Olivenöle in den tollsten Flaschen ... so etwas hatte ich doch gar nicht.
Die Rezepte, die ich im Fernsehen kochen wollte, habe ich meist erst kurz vor dem Sendetermin entwickelt und die Zutaten im Dorf eingekauft – klar, wo sonst.
Da stand der Einkauf dann auf dem Tisch verteilt vor mir, hier das Pfund Zucker und da das Pfund Mehl – und die Sahne im Plastikpöttchen. Das sah nicht besonders schön aus. Also bin ich durch meinen Laden gegangen und habe mir einfach mal eine alte Kaffeetasse genommen und den Zucker hineingefüllt. »Och, guck mal hier, so eine schöne Kaffeekanne, da kippe ich die Sahne abgemessen hinein und in die Teekanne, da tu ich die Gemüsebrühe rein.«
Da bot es sich natürlich an, im Fernsehen auch die entsprechenden Geschichten dazu zu erzählen. Die musste ich mir ja gar nicht ausdenken, sondern nur wiedergeben. Denn die Menschen schenken mir ihre alten Sachen ja zum Glück nicht wortlos, sie erzählen auch ihre Erinnerungen dazu. Ich wünsche mir, dass das für immer so bleibt, egal, wie viel Geschirr ich habe. Egal, wie gut der Laden läuft.

Hefeteig

Hefeteig braucht Zeit und Zuwendung

Ein Hefeteig wird hergestellt aus Mehl, Zucker, Fett, Flüssigkeit und natürlich der Hefe als Treibmittel. Hefe an sich ist ein verwöhntes kleines Ding, das sich stur stellt, wenn es nicht so behandelt wird, wie es es verlangt. Daher kann es nicht schaden, wenn man sie ein wenig hofiert: Generell sollten alle Zutaten handwarm verarbeitet werden, weil die Hefe dann schneller zu gären beginnt. Außerdem sollte der Raum warm und ohne Zugluft sein.

Die Schwere des Teiges kann ich durch unterschiedliche Mengenverteilung der Zutaten selbst bestimmen. Welche Teigart für welches Gebäck am besten geeignet ist, steht jeweils im Rezept.

Tipp!

So richtig wohl fühlt sich die Hefe zum Beispiel im lauwarmen Backofen. Dazu heize ich den Ofen auf 50°C vor und schalte ihn dann wieder ab. Meine Mutter verstaute die Schüssel mit dem Hefeteig aber tatsächlich noch im Bettkasten zwischen den dicken Daunendecken.

Zutaten im Verhältnis

Teigart	Mehl	Fett	Hefe	Zucker
leicht ohne Fett	500 g	–	25 g	–
leicht mit Fett	500 g	50 g	30 g	50 g
mittelschwer	500 g	100 g	40 g	100 g
schwer	500 g	125 g	50 g	125 g

Vorteig

Ich siebe das Mehl in die vorgewärmte Backschüssel und drücke mit der Faust sachte eine Mulde in die Mitte. In die Vertiefung bröckele ich die Hefe, gieße die lauwarme (ca. 30°C) Milch darauf und vermenge die Masse dann mit dem Zucker.

Nach wenigen Minuten wird mit einem Holzlöffel ganz leicht von den Seitenwänden etwas Mehl hineingerührt. So entsteht in der Mitte des Mehles eine dickliche Masse, der Vorteig, auch »Dampfl« oder »Backstück« genannt, der nun treiben, also wachsen soll. Da Hefe die Wärme liebt, stelle ich die Schüssel mit dem Vorteig zugedeckt auf einen Kochtopf mit warmem Wasser. Der Vorteig muss so lange gehen, bis er doppelt so hoch geworden ist. Das dauert etwa 20 Minuten.

Tipp!

Ich empfehle, mit trockener Hefe zu arbeiten, da man sich so die Zeit und Arbeit spart, einen Vorteig herzustellen. Man gibt dann die Hefe in lauwarmer Milch aufgelöst mit allen Zutaten in das Mehl.

Hauptteig

Jetzt wird der Hauptteig geknetet. Von der Mitte des Mehles aus vermische ich nach und nach den Vorteig und das Mehl, auf das ich das Fett in Flöckchen aufgepflückt und den Zucker aufgestreut habe. Man kann das Fett auch flüssig, also zerlassen, zugeben, dann wird der Teig sehr weich. Ist das Mehl untergeknetet, beginnt man mit dem Schlagen, um Luft hineinzuarbeiten. Dazu wirft man den Teig immer wieder in die Schüssel oder auf die Tischplatte und knetet ihn richtig kräftig durch.

Der Teig wird so lange bearbeitet, bis er nicht mehr an der Schüssel kleben bleibt. Er soll ein Ganzes bilden, und auch der Löffel sollte teigfrei sein. Die Festigkeit lässt sich nicht genau vorschreiben – allgemein muss die Masse für einen Zopf oder Striezel aber fester sein als für einen Napfkuchen, der von der Backform davor geschützt wird, auseinanderzufließen. Ist der Teig fertig verarbeitet, ziehe ich als letztes die Rosinen und das Zitronat unter. Diese Zutaten sollten nie mitgeschlagen werden, weil der Teig sonst unansehnlich werden würde.

Nun forme ich den Teig in die gewünschte Gebäckart, streiche ihn auf das Blech oder fülle ihn in die Kuchenform (nur ¾ voll) und stelle ihn zum erneuten Gehen an einen warmen Ort. Soll der Teig in der Schüssel gehen, streue ich die Schüssel mit Mehl aus, damit der Teig während des Gehens nicht ansetzt. Dieser Treibprozess dauert unterschiedlich lang, je nach Wärme der Küche, Schwere des Teiges und Laune der Hefe; mindestens dauert er aber eine Stunde. Der Teig ist genug gegangen, wenn sich ein Fingereindruck sofort schließt.

Der Waschtisch

Mein Arbeitstisch ist ein alter Waschtisch. Unter der Tischplatte kann man eine Schublade herausziehen, in die zwei Schüsseln eingelassen sind. Früher wurde darin die Wäsche gewaschen, gespült oder auch mal die Babys gebadet. Ich habe das Möbel restauriert und bewahre in den Schüsseln heute die Salate und den Pfannkuchenteig auf. Der Waschtisch stand schon hier, als ich die Halle 1989 angemietet habe, und ich finde ihn so praktisch, weil ich in meiner kleinen Küche so wenig Platz habe und die Schüsseln in der Schublade keine Stellfläche wegnehmen – Teig rein, Klappe zu. Die Gäste lachen sich immer kaputt, wenn sie sehen, wie ich plötzlich die Schublade aus dem Waschtisch ziehe und meinen Teig parat habe.
»Ha, en Waschtisch! Wie früher, Loorens!«

Pfannkuchen

Pfannkuchen liegen mir besonders am Herzen, denn mit Pfannkuchen habe ich in der Oldiethek angefangen. Anfangs dachte ich, auf dem Kohleofen könnte ich gar nichts anderes kochen als Pfannkuchen.
Ich habe Pfannkuchen in allen Variationen ausprobiert und es hat noch nie einer nicht geschmeckt. Mittlerweile habe ich das Teigrezept immer weiter optimiert.
Bei süßen Pfannkuchen trenne ich das Eiklar vom Eigelb und hebe es als Eischnee unter, dann wird der Pfannkuchen im Backofen richtig schön locker und dick.

Grundteig
pro Pfannkuchen

3 Eier
etwa 2 EL Mehl
etwa eine Kaffeetasse Milch

Zunächst schlage ich die Eier schaumig, weil sie dann das Mehl besser aufnehmen. Dann rühre ich so viel Mehl (instant oder gesiebt) unter, bis es ein richtig fester, fast an dem Schneebesen klebender Teig ist, der aber glattgerührt ist. Dann wird er mit der Milch nach und nach flüssig gerührt und eine Prise Salz zugegeben.
Ich gare meine Pfannkuchen nicht auf dem Herd, sondern im Backofen. Dort bekommt der Teig eine gleichmäßige Hitze von allen Seiten, geht wunderbar auf und muss nicht gewendet werden.

Süße Pfannkuchen

Für süße Pfannkuchen trenne ich zunächst Eigelb und Eiklar und stelle den Grundteig nur mit dem Eigelb her. Zum Schuss hebe ich dann vorsichtig das zu Eischnee geschlagene Eiklar unter.

Eischnee

Eischnee wird mit dem Schneebesen oder einfach dem Handrührgerät gemacht und gelingt, wie übrigens auch Schlagsahne, am besten, wenn sowohl das Eiklar als auch die nicht zu große Schüssel, in der es geschlagen wird, möglichst kalt sind. Deshalb stelle ich beides vorher in den Kühlschrank. Schiefgehen kann eigentlich nichts, es sei denn, es ist ein kleines bisschen Eigelb hineingeraten, dann kann man es schlagen, so lange man will, da wird nichts fest.

Durch den Trick mit dem Eischnee erhalte ich die vierfache Menge Teig. Den Teig gieße ich in die Pfanne und streue darüber, wonach es mir beliebt – frische Beeren zum Beispiel. Bei Beeren sollte man darauf achten, dass sie nicht allzu reif sind, sonst tritt beim Backen zu viel Saft aus und vermatscht einem den schönen Pfannkuchen. Dann schiebe ich die Pfanne in den Backofen, da geht der Teig richtig schön hoch und bekommt etwa das fünffache Volumen eines normalen Pfannkuchens. Von den Beeren sieht man oben nur noch kleine Luftlöcher.
Aber Achtung: Aus eigener Erfahrung kann ich sagen: Nicht jeder Pfannenstiel ist hitzebeständig!

Zum Schluss kann man den Pfannkuchen nach Belieben mit Zimt und Zucker überstreuen.

Deftige Pfannkuchen

Für deftige Pfannkuchen verwende ich immer meine Gewürzmischung, bestehend aus: einer beliebigen Menge Salz, der Hälfte der Menge an schwarzem Pfeffer und wiederum davon die Hälfte an Rosenpaprika.
Was den Belag angeht, sind der Fantasie keine Grenzen gesetzt. Ausgelassener Speck ist natürlich köstlich, aber auch klein geschnittenes Fleisch habe ich schon ausprobiert und es schmeckt großartig. Alle Gemüsesorten sind erlaubt, kombiniert mit Fleisch oder allein, mit Käse überbacken, ganz nach Lust und Laune. Oder je nachdem, was der Kühlschrank hergibt. So ein belegter Pfannkuchen ist die optimale Resteverwertung. Es empfiehlt sich, die Zutaten vorzugaren, also vorher anzubraten oder – je nach Gemüse – zu kochen.

Ich mache den Pfannkuchen lieber etwas dünner als zu dick, sonst wird er in der Mitte nicht durch. Der Pfannkuchen ist fertig, wenn er schön gebräunt ist.

Zimmt

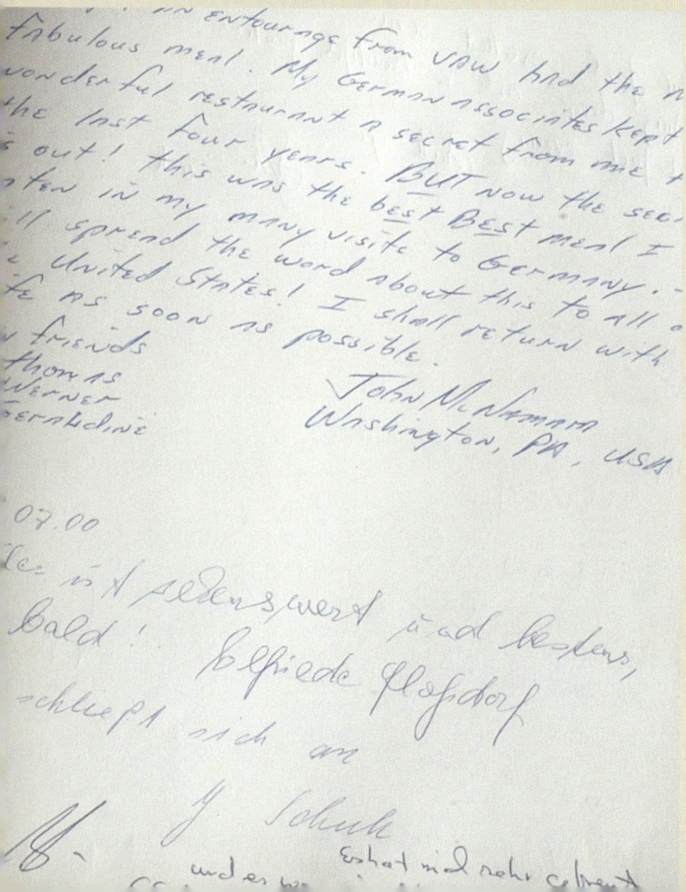
fabulous meal. My German associates kept
wonderful restaurant a secret from me
the last four years. BUT now the
out! This was the best BEST meal I
in my many visits to Germany.
spread the word about this to all
United States! I shall return with
as soon as possible.
friends
Thomas
John McNamara
Washington, PA, USA
07.00

Kuba ganz nah

Mittags, wenn ich das Essen vorbereite, kommen in ihrer Pause regelmäßig einige Freunde von mir vorbei, trinken Kaffee und ärgern mich ein bisschen, weil ich arbeiten muss, während sie frei haben. Wir unterhalten uns dann über Autos, über Motorräder, die Weltwirtschaftslage und Gott und die Welt.

Einmal kam das Gespräch auf Kuba und dass dort die Zigarren auf dem Oberschenkel gerollt werden. Darüber haben wir uns köstlich amüsiert und uns vorgenommen, einmal alle zusammen nach Kuba zu fahren. Wochenlang haben wir diesen Traum immer weitergesponnen, wann wir fliegen, wie wir hinkommen, was wir da alles anschauen wollen und und und.

Zu dieser Zeit hat an meinen beiden Ruhetagen Helga, eine Freundin von mir, in der Oldiethek Kaffee und Pfannkuchen serviert. Natürlich habe ich aber auch an diesen Tagen im Restaurant nach dem Rechten gesehen.
An einem Tag war Helga völlig aufgelöst: »Horst, jemand aus Bonn hat angerufen und für heute Abend eine Delegation aus Kuba angekündigt. Ein Minister aus Kuba kommt bei uns essen!«
Mir war sofort klar, dass das nur ein blöder Witz von meinen Kumpels war, winkte lachend ab und wollte wieder gehen. Aber Helga war verzweifelt: »Nein, Horst, der Anruf war echt! Du musst hier bleiben und etwas kochen!« Nur um sie zu beruhigen, blieb ich.

Ich traute meinen Augen nicht, als abends zwei Limousinen vorfuhren. Tatsächlich, da stiegen sie aus: der Bürgermeister von Rommerskirchen und mehrere Kubaner mit Dolmetschern und allem Drum und Dran! Und ich hatte nichts im Haus, außer Pfannkuchenzutaten! Peinlich!

Aber es half ja alles nichts: »Helga, schlag alle Eier auf, die wir haben!«
Ich begrüßte die Herrschaften und führte sie durch das Restaurant, die ganze Zeit auf der Suche nach einer Ausrede. Doch dann konnte ich nicht anders und gestand der versammelten Mannschaft, dass ich den Anruf aus Bonn für einen Witz gehalten hatte und dass ich leider nur Pfannkuchen anzubieten hätte. Als der Minister aus Kuba das übersetzt bekam, lachte er laut auf. Das Eis war gebrochen. Die ganze Mannschaft aß Speckpfannkuchen ohne Ende und trank lecker Bierchen dazu. Der Minister war total begeistert und sagte, dieses einfache Gericht wäre für ihn dank der entspannten Atmosphäre ein größerer Genuss gewesen als das ganze 3-Sterne-Essen der letzten Wochen. Er versprach, sich ganz persönlich um mich zu kümmern, falls ich jemals tatsächlich nach Kuba kommen sollte.

Fleisch

Mengenangabe generell für Fisch und Fleisch:

Mageres Fleisch: Rohgewicht ca. 200 g pro Person
Fettes Fleisch: Rohgewicht ca. 250-300 g pro Person

Tipp!

Damit Fleisch oder Fisch im Kühlschrank nicht austrocknet, übergieße ich es großzügig mit Öl, sodass es ganz davon bedeckt ist. Ein geschmacksneutrales Öl (nichts Teures) hat keinen Einfluss auf den Geschmack des Fleisches und lässt im Kühlschrank keine üblen Gerüche aufkommen – ohne Deckel, ohne Folie.

Kurzgebratenes

Ich lege das Fleisch, in diesem Fall die Steaks, nicht direkt aus dem Kühlschrank in die Pfanne, sondern achte darauf, dass sie Zimmertemperatur haben und die Pfanne auf höchster Stufe mit einem hoch erhitzbaren Fett vorgeheizt ist. Das Fleisch sollte trocken und ungewürzt sein. Ich brate die Steaks nur ganz kurz von beiden Seiten an, damit sie eine knusprige Kruste bekommen. Nach etwa einer Minute lässt sich das Fleisch gut vom Pfannenboden lösen und es tritt etwas blutiger Fleischsaft aus. Das ist der richtige Zeitpunkt zum Wenden. Zum Garen lege ich sie um in einen Bräter – damit der Pfannenstiel nicht schmilzt -, gebe etwas Butter oder Kräuterbutter darauf und schiebe das Ganze ohne Deckel bei höchstmöglicher Temperatur in den Backofen. Im Backofen hat man eine wunderbar trockene hohe Hitze, in der das Fleisch in 5-10 Minuten langsam gar zieht.

Wer nicht sehen kann, muss fühlen ... Ob ein Steak gar ist und wie durch es ist, kann man nicht sehen, sondern nur fühlen. Hierzu drückt man mit dem Finger mittig leicht auf die Oberfläche. Je mehr das Fleisch nachgibt, desto weniger gegart ist es.

Tipp!

Vor dem Servieren das Fleisch noch einen Moment liegen lassen und wenden, damit sich der Fleischsaft besser verteilt.

Dressing statt Suppe

Manchmal sind die Grenzen zwischen Suppe und Soße offenbar fließend: Neulich in der Oldiethek hatten an einem voll besetzten Tisch zwei Gäste Salat bestellt und alle anderen Suppen. Da die Kellnerin nicht alles auf einmal tragen konnte, brachte sie vorweg schon einmal die Salatsoße in einer schönen alten Sauciere an den Tisch – das Dressing serviere ich immer separat. Als die Kellnerin dann mit dem Salat selbst und den Suppen an den Tisch kam, war die Sauciere schon leer. Mit dem Löffel in der Hand blickte einer der Gäste mit großen Augen auf die dampfende Gurkensuppe, die ihm serviert wurde. Er hatte doch wahrhaftig die Salatsoße für seine Suppe gehalten, obwohl sie eiskalt und ohne jedes Fitzelchen Gurke war, und hat sie, noch ehe alle Vorspeisen auf dem Tisch standen, ruckzuck aufgegessen. Und er war sogar zufrieden!

Mehlieren

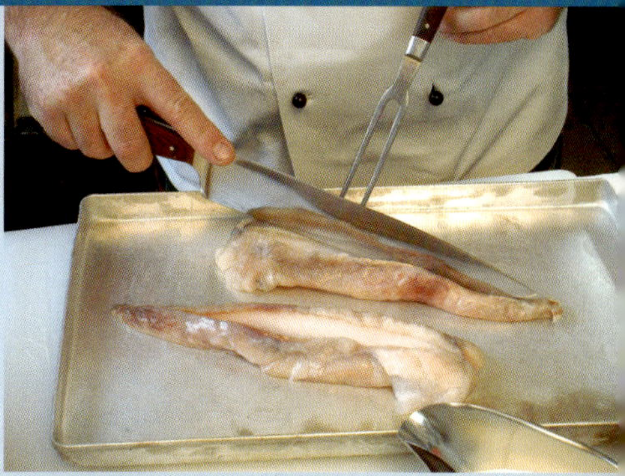

Fisch, aber auch sehr mageres Fleisch mehliere ich gern vor dem Braten, denn so bildet sich eine knusprige, schützende Schicht um das Fleisch, die es innen ganz langsam gar werden lässt. Die meisten Fischsorten haben ja selbst kaum Fett, sie würden also ohne Schutzschicht in der Pfanne auslaufen und trocken werden.

Zunächst filetiere ich den Fisch. Das kann man im Fischladen machen lassen, aber im Grunde ist es ganz einfach, denn die Struktur des Fisches gibt einem buchstäblich vor, wie man ihn schneiden kann. Die Haut sollte vor dem Braten auf jeden Fall abgezogen werden.

Ich würze den Fisch mit Salz, Pfeffer und Worcestersauce. Oben schneide ich das Filet etwa einen ½ Zentimeter ein, so gart es innen besser. Dann bestreue ich es beidseitig gleichmäßig mit Mehl.
Ich erhitze Butter mit einem Tropfen Öl in der Pfanne und brate den Fisch zuerst von der eingeschnittenen Seite an, wende ihn und fülle nun, während die Unterseite anbrät, Kräuterbutter in den Schnitt.

Zum Garen brauche ich nicht mehr die Hitze von unten, sondern ich kann die Pfanne in den Backofen stellen (Achtung: der Pfannenstiel sollte hitzebeständig sein!). Hier gart der Fisch besonders schonend – bei Oberhitze empfehle ich, den Fisch mit Alufolie abzudecken.

Tipp!

Alternativ kann man Fisch auch gut in dünne Scheiben schneiden und in Brühe dünsten oder in Soße gar werden lassen, so wird er garantiert nicht trocken.

Panieren

Bei »Panieren« denken viele Leute an pappige Schnitzel aus der Pommesbude, die wie ein fettiges Brötchen mit etwas Unbestimmtem drin schmecken.
Dabei ist eine Panade im Gegenteil eine ganz edle Sache, die dazu da ist, das Fleisch zu veredeln und es schonender zu garen. Denn wenn das Fleisch nicht nackt, sondern in einer Panade gebraten wird, kommt es ja nicht selbst mit der starken Hitze des Fettes in der Pfanne in Berührung, sondern nur der Schutzanzug, die Panade außen.

Eine klassische Panade besteht aus: Mehl, Ei, Paniermehl.

Panieren funktioniert nach dem Prinzip Unterhemd: alte Männer tragen unter dem Oberhemd immer ein Unterhemd, damit keine Schweißflecken auf das gute Oberhemd kommen. Die Panade schützt das Fleisch vor dem Fett und der Hitze. Die Mehlschicht wiederum schützt das Fleisch vor der Panade, sie sorgt dafür, dass diese nicht am Fleisch festklebt, sondern sich stattdessen wie eine Blase davon abhebt.

Tipp!

Immer eine Gelegenheit zum Händewaschen bereit stellen, also eine Schüssel mit Wasser und ein Handtuch zum Abtrocknen, denn man muss sich beim Panieren mehrfach die Hände waschen und wenn man dafür jedes Mal zum Waschbecken läuft, nervt das und außerdem versaut man sich die ganze Küche.

Vorbereitung

Ich stelle mir drei tiefe Teller bereit, einen mit Mehl, einen mit verquirltem Ei und einen mit Paniermehl.
Das Paniermehl kann man natürlich selber machen. Dafür nimmt man Brötchen von gestern – ab damit in den Backofen und dann reiben. Das fertige Paniermehl, das man kaufen kann, ist aber auch gut. Es ist kein Abfallprodukt, sondern es wird in den Fabriken extra zu diesem Zwecke Weißbrot gebacken, geröstet und gemahlen.

Ich würze nicht die Panade, sondern das Fleisch, denn sonst hätte ich nachher eben nur eine gewürzte Panade und kein gewürztes Fleisch.

Zubereitung

Ich wälze das gewaschene, abgetupfte und gewürzte Stück Fleisch zuerst in Mehl. Es ist wichtig, dass das Fleisch gleichmäßig bedeckt ist. Wo das Fleisch unbemehlt bleibt, heftet später beim Braten die Panade an.
Danach bade ich das Fleisch in Ei und lasse es gut abtropfen. Schließlich lege ich das Fleisch in den Teller mit Paniermehl und drücke es etwas fest.
Das Fleisch bitte nicht zukleistern, sondern wirklich nur mit dünnen Schichten umgeben: Ich nehme nur soviel Paniermehl, dass quasi ein Brotkrümelchen neben dem anderen liegt.

Tipp!

Man kann eine Panade verfeinern, indem man unter das Paniermehl frische, gehackte Kräuter mischt. Alternativ zu den Kräutern kann man auch ganz fein gewürfelten Schinken oder Zwiebelchen nehmen. Das gibt zum Beispiel einer in feine Scheibchen geschnittenen Hähnchenbrust einen wirklich tollen Geschmack.

Hackfleisch

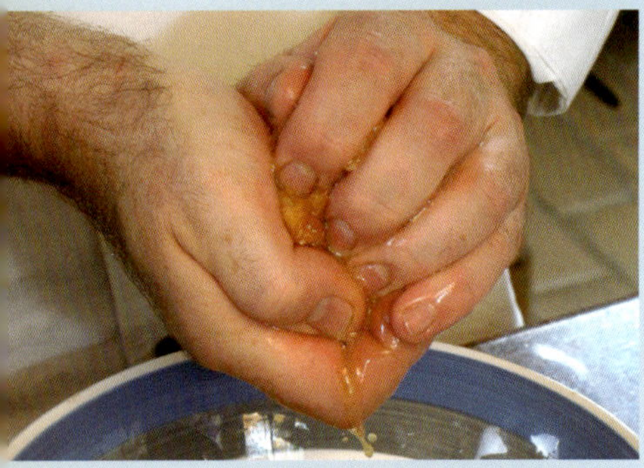

Hackfleisch verarbeite ich am liebsten mit aufgeweichten Brötchen oder Paniermehl, dann wird es schön locker.

Darüber gibt es ja viele Witze:
»Tun sie mir zu der Frikadelle noch ein Brötchen dazu.«
»Ist schon drin.«
»Nee, noch eins extra.«
»Ist auch schon drin.«

Aber das Brot ist gar nicht zum Strecken der Masse da, sondern zur Auflockerung. Wenn man nur das Hackfleisch allein braten würde, würden die Frikadellchen oder der Hackbraten viel zu hart werden. Für die richtige lockere, saftige Konsistenz ist der Anteil von Zwiebeln, Ei und Paniermehl oder Brötchen wichtig. Aufgeweichte altbackene Brötchen sind am besten geeignet. Diese werden in Wasser eingeweicht, ausgedrückt und mit den Händen zusammen mit gewürfelten Zwiebeln unter das Hackfleisch gemischt.

Tipp!

Alles vermengen – das geht am besten mit den Händen. Mit den Knethaken des Handrührgerätes bekommt man Probleme, weil sich die Masse nur an den Knethaken knubbelt, die Zutaten sich aber nicht vermischen. Wer sich ekelt, kann Gummihandschuhe anziehen.

Hackfleisch lässt sich sehr vielseitig verwenden. Klein gebröselt und angebraten schmeckt es sehr gut in Soßen und Suppen oder auf herzhaften Teigwaren. Bei dieser Variante ist das Untermischen von Paniermehl nicht nötig.

Frauke Ludowig hat's raus

Frauke Ludowig hat bei uns allen in der Oldiethek einen Stein im Brett. Sie kam damals mit dem gesamten Fernsehteam von RTL Exklusiv. Und Frauke ging als allererstes schnurstracks in die Küche und gab allen meinen Mitarbeitern die Hand und sagte: »Hallo, ich bin die Frauke, toll, dass ihr heute Abend für uns arbeitet.« Mit dieser ganz einfachen menschlichen Geste hatte sie all unsere Herzen gewonnen und uns das Gefühl gegeben, alle sind gleich.

Schmoren

Gut Ding will Weile haben.
Schmorgerichte brauchen etwas Zeit, dafür wird das Fleisch nachher besonders zart. Das zu schmorende Fleisch (Schmorbraten, Rouladen, Gulasch, älteres Geflügel), Gemüse (Schmorkohl, Kohlrouladen, Schmorbohnen, Teltower Rübchen, Schmorgurken) oder der Fisch (festfleischige fette Fische wie Aal und Karpfen) wird zunächst scharf angebraten und dann unter Zugabe von Flüssigkeit im geschlossenen Topf gegart. Als Schmorflüssigkeit nehme ich anfangs Wasser oder Brühe. Etwa ein Drittel des Bratens sollte in der Flüssigkeit liegen, maximal die Hälfte darf von ihr bedeckt sein. Ich nehme lieber erst einmal etwas weniger Flüssigkeit und füge nachher noch etwas hinzu.

Es ist wichtig, darauf zu achten, dass die Temperatur 80 bis 90°C nicht überschreitet und die Flüssigkeit nicht zu kochen beginnt, denn sonst wird das Fleisch zäh.
Ich übergieße den Braten in den ein bis zwei Stunden im Ofen immer, wenn ich vorbeikomme, mit der Flüssigkeit unten im Topf, damit er nicht austrocknet. Später kann man die Schmorflüssigkeit mit Rot- oder Weißwein, saurer Sahne oder Marinade verfeinern.

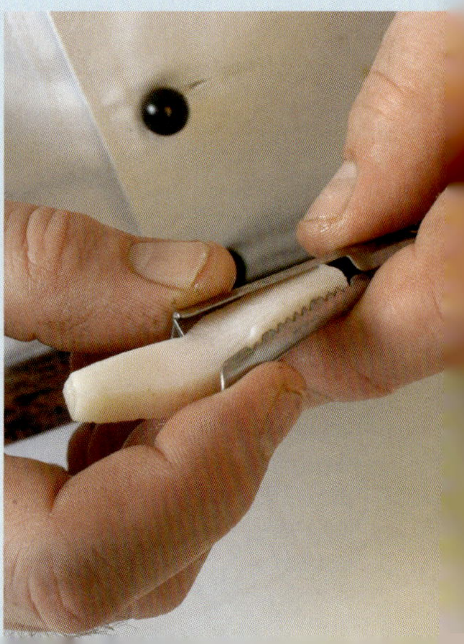

Spicken

Der Sinn des Spickens ist es, einen Wildbraten, der in der Regel kaum über Fett verfügt, saftiger zuzubereiten.
Dazu wird dem Braten eben dieses Fett, das er nicht hat, von außen hinzugefügt. Gespickt wird mit dünnen Streifen von fettem, geräuchertem Speck, die etwa die Form von Pommes frites haben sollten, d.h. ca. ½ Zentimeter breit und 5 bis7 Zentimeter lang sein sollten.

Ich fädle einen solchen Streifen in die Spicknadel ein und steche mit dieser wie zum Nähen in das Fleisch hinein und führe die Nadel nach wenigen Zentimetern quer zur Muskelfaser wieder heraus. Den nächsten Einstich nehme ich in etwa ein bis zwei Zentimetern Abstand vor. So spicke ich Reihe für Reihe, fühle mich wie Professor Lichter im OP und lasse mir zwischendurch von der Schwester den Schweiß von der Stirn tupfen.
Wer kein Operationswerkzeug, also keine Spicknadel besitzt, kann auch mit einem scharfen Messer kleine Taschen in das Fleisch schneiden und die Speckstreifen hineinschieben.

Tipp!

Ich lege den Speck vor dem Spicken einige Stunden ins Gefrierfach, so kann ich ihn besser schneiden, habe nicht so fettige Finger und die Streifen reißen nicht so leicht beim Spicken.

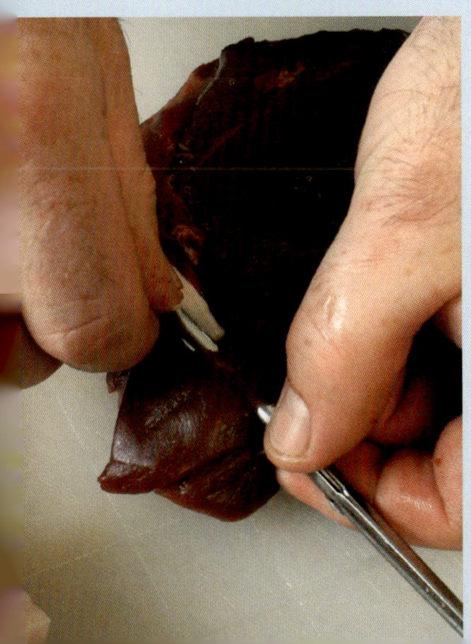

Rouladen

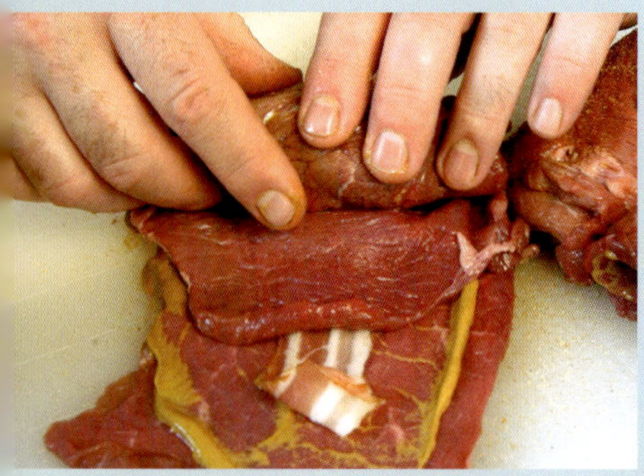

Ich wasche die Rouladenscheiben, trockne sie ab und lege sie ausgebreitet auf ein Brett. Dann bestreiche ich sie auf einer Seite dünn mit Senf und lege den in dünne Scheiben geschnittenen Speck, die in Längsstreifen geschnittene Gewürzgurke und die grob geteilte Zwiebel darauf und würze mit Salz und Pfeffer. Ich rolle die Fleischscheiben dann von einer Seite her fest auf und fixiere sie entweder mit einer speziellen Rouladenklammer, mit Zahnstochern, oder ich verschnüre sie mit einem Twistfaden zu einem kleinen Paket.

Dann erhitze ich Öl in einem Schmortopf und brate die Rouladen zusammen mit einer fein gewürfelten Zwiebel ringsum kräftig an, sodass sie so richtig schwarz werden. Jetzt nehme ich den Topf von der Flamme und füge etwas Schmorflüssigkeit hinzu. Das kann ganz nach eigenem Geschmack Wasser, Brühe oder Wein sein. Dann kommt der Deckel auf den Topf und ab damit in den Backofen. Nun ist es wichtig, darauf zu achten, dass die Temperatur nicht zu hoch ist – es darf nicht kochen, sonst wird das Fleisch zäh.
Nach etwa anderthalb Stunden sind die Rouladen gar. Dann nehme ich sie aus dem Topf und richte sie an. Am liebsten binde ich den Bratenfond mit in saurer Sahne oder in Joghurt verquirltem Mehl. Zum Schluss schmecke ich die Soße ab und gieße sie über die Rouladen.

Frittieren

Beim Frittieren oder Ausbacken ist es wichtig, so viel Fett zu nehmen, dass das Gargut darin schwimmen kann. Wenn man keine Fritteuse hat, kann man das Frittierfett auch in einem Topf erhitzen, doch sollte man dabei wirklich sehr, sehr vorsichtig sein, da das Fett schließlich auf 140-190 °C erhitzt wird und buchstäblich explodieren kann, wenn Wasser hineingerät. Gut geeignet, weil hoch erhitzbar, ist Pflanzenfett wie beispielsweise Kokosfett, das aromatische Sesamöl oder spezielles Frittierfett.

Wenn das Gargut in das heiße Fett gegeben wird, bildet sich durch den Temperaturschock sofort an seiner ganzen Oberfläche eine trockene Kruste, die nur die Hitze, nicht aber das Fett eindringen lässt.
Nur wenn das Fett nicht heiß genug ist oder durch die Zugabe zu großer Mengen von Gargut zu stark abkühlt, saugen sich die Stücke mit Fett voll, bevor sich eine Kruste bilden kann. Deshalb schneide ich alles, was ich frittieren möchte, schön klein und gebe immer nur wenige Stücke auf einmal in das heiße Fett. Das Einlegen und Herausholen funktioniert am besten mit dem Schaumlöffel. Damit fische ich auch zwischendurch auf der Oberfläche schwimmende Teilchen heraus, die sich vom Gargut gelöst haben, sonst verbrennen diese im Fett und es wird bitter.
Wenn die Kruste schön braun geworden ist, hole ich das Gargut aus dem heißen Bad und lege es zum Ausruhen auf eine Lage Küchenkrepp.
Frittiertes sollte sofort serviert werden, kann aber notfalls für einige Zeit im vorgeheizten Backofen bei etwa 120°C warm gehalten werden.

Zum Frittieren eignen sich besonders kohlenhydratreiche Lebensmittel wie Kartoffeln und andere Gemüse, Gebäck, aber auch Fleisch oder Fisch, die dazu häufig paniert oder mit Backteig umhüllt werden, da sie selbst kaum Kohlenhydrate enthalten.

Big Brother

Manchmal frittiere ich mich auch gern selbst und springe kopfüber ins Fettnäpfchen: Als die erste Big Brother-Staffel im Fernsehen lief, war die Sendung ja überall Gesprächsthema Nummer eins. Auch ich regte mich leidenschaftlich gern darüber auf. Eines Abends setzte ich mich nach dem Kochen zu ein paar Freunden an den Tisch und wir fingen an, darüber herzuziehen, wie krank schon allein die Idee sei, Menschen ununterbrochen und bei allem, was sie tun, zu zeigen und wie wenig Interesse wir zum Beispiel daran hätten, den Fernseher einzuschalten und zu sehen, wie jemand auf dem Klo sitzt.

Es saßen ein paar sehr schicke junge Leute mit am Tisch, die unsere Unterhaltung offenbar aufmerksam verfolgten. Also fragte ich sie, ob sie denn nicht auch unserer Meinung seien.

Nein, sie sähe das ganz anders, sagte eine junge Frau. Das interessierte mich. Wie konnte man diesen menschenverachtenden Quatsch gut finden, das ist doch wie im alten Rom: Steckt sie in einen Kreis und lasst sie sich erschlagen!

Sie nahm das Thema sehr ernst und erklärte mir, dass Professoren wissenschaftliche Studien über die Sendung machten und zur Zeit sogar jemand seine Doktorarbeit darüber schriebe. Es gäbe gute Gründe, warum Millionen von Menschen täglich einschalten würden.

Ich spürte, dass sie persönlich getroffen war, obwohl ich doch nur ein bisschen plaudern wollte und ließ das Thema lieber schnell fallen. Ich will mich doch nicht mit meinen Gästen streiten!

Später am Abend kam meine Küchenhilfe ganz aufgeregt zu mir und fragte, ob sie sich bitte, bitte ausnahmsweise ein Autogramm holen dürfte. Ich sehe das nicht gern, denn auch bekannte Leute sollen in der Oldiethek ihren Feierabend genießen können. Sie sollen Mensch sein können und nicht Star sein müssen.

Ich war ganz überrascht, denn ich hatte den ganzen Abend über keine Berühmtheit entdeckt. »Doch«, sie zeigte auf den Tisch, an dem ich eben noch gesessen hatte, »das ist doch die Sophie, die Moderatorin von Big Brother!«.

Gelatine

Tipp!

Gern färbe ich das Gelee und erzeuge damit tolle Effekte. Zum Beispiel lassen sich mit gefärbtem Aspik wunderbar Spiegel gießen. Dazu reinige ich ein Tablett oder eine Platte mit erhöhtem Rand gründlich und begieße es dann mit der heißen Flüssigkeit. Im Kühlschrank wird die farbige Fläche fest und ich kann darauf nach Herzenslust kreativ anrichten, etwa verschiedenes Gemüse wie ein buntes Gemälde anordnen. Oder ich gieße einen blauen Spiegel für einen Fisch und lege ein paar Kräuter drum herum – das sieht aus wie ein Blick ins Meer.
Zum Färben eignet sich Lebensmittelfarbe oder auch färbende Lebensmittel, wie etwa Rote Beete, dann ist die Masse jedoch nicht mehr geschmacksneutral.
In den 50er/60er Jahren war es gang und gäbe, ganze Töpfe gefärbtes Aspik zu kochen, fest werden zu lassen, zu stülpen und in Würfel zu schneiden. Diese knallbunten Würfelchen wurden dann hier und da auf dem Buffet zu kleinen Bergen aufgeschüttet, das war ein richtig fröhlicher Anblick.

Klassische Zubereitung eines Gelees:

Das wohlschmeckendste Gelee wird aus Fleisch, Geflügel, Wild oder Fisch (mit reichlich Gräten) gekocht. Ich nehme also beispielsweise 2-3 Schweinefüße, setze sie mit kaltem Wasser reichlich bedeckt auf und koche sie unter mehrmaligem Abschäumen zwei bis drei Stunden weich. Dann nehme ich die Füße heraus, lasse die Brühe erkalten und hebe das Fett ab.
Ist das Gelee klar genug, das heißt, hat sich der Satz am Topfboden abgesetzt, brauche ich es nicht zu klären, sondern nur vorsichtig abzugießen. Bleibt das Gelee trüb, muss es geklärt werden. Dazu gibt es einen kleinen Trick: Man gibt einfach ein Eiweiß in das Gelee, das die Graustoffe aufnimmt, und fischt es mit dem Schaumlöffel wieder heraus.
Nach dem Herausnehmen des Fleisches lasse ich die Brühe noch etwas einkochen. Für gesülzte, gallertartige Speisen reicht die Festigkeit meist aus, für Aspiks muss man Blattgelatine zugeben.

Pfuschzettel

Um eine Geleespeise wie Sülze oder Aspik herzustellen, benötigt man die Leimstoffe der Muskelfasern, Häute und Knochen von Fleisch oder Fisch. Natürlich kann man das zu Hause selbst machen. Es ist jedoch sehr aufwändig und die meisten Leute empfinden es als nicht sehr appetitlich, da dazu am besten Schweine- und Rinderfüße und –köpfe sowie Schwarte verwendet werden, weil diese besonders viele Leimstoffe enthalten. Man kann hier getrost die Früchte des Fortschritts ernten und Aspik und Gelatine in Blatt- oder Pulverform verwenden.

Die Mengen, die zugegeben werden müssen, variieren. Für einen Liter Kalbfleischbrühe verwende ich etwa 6-10 Blatt Gelatine, für einen Liter Rindfleischbrühe 8-10 Blatt Gelatine und für einen Liter Hühnerbrühe 6-8 Blatt Gelatine.
Als Geschmackszutaten gibt man einen Schuss Sherry, Madeira, Portwein, Malaga oder Rheinwein zu. Einige Stängel Estragon verfeinern den Geschmack.

Blattgelatine

Viele Leute haben einen mir nicht verständlichen Respekt vor Blattgelatine. Man kann dabei eigentlich gar nicht viel falsch machen. Pro Liter zuzubereitenden Gelees weiche ich 12 Blätter Gelatine ein. Das Einzige, worauf man achten muss, ist, dass man wirklich jedes Blatt einzeln ins Wasser legt, damit überall Wasser zwischen die Blätter gelangt und sie nicht verkleben. Nach etwa fünf bis zehn Minuten nehme ich die glibberigen, aufgeweichten Blätter mit den Händen heraus, drücke leicht das überschüssige Wasser aus und gebe sie in eine erhitzte Flüssigkeit, um sie aufzulösen.
Gelatine in Pulverform ist sogar noch einfacher in der Handhabung, es wird einfach nur in die erhitzte Flüssigkeit eingerührt.

Aspiks und Sülzen

Gelatine wird beim Erhitzen flüssig und erstarrt beim Erkalten. Ob man sie nun selbst hergestellt hat oder Pulver nach Packungsanweisung angerührt hat: Um etwas in Aspik einzugießen (Fachbegriff: nappieren), muss man genau den richtigen Moment, also die richtige Temperatur für die richtige Konsistenz abpassen. Hier kann ich leider keine genaue Temperaturangabe machen, da muss man einfach ein bisschen probieren, es darf nicht zu flüssig sein, aber auch noch nicht anfangen zu stocken.
Man kann Lebensmittel - etwa für ein Buffet - mit Aspik überziehen, um ein Austrocknen zu vermeiden, denn Aspik konserviert.

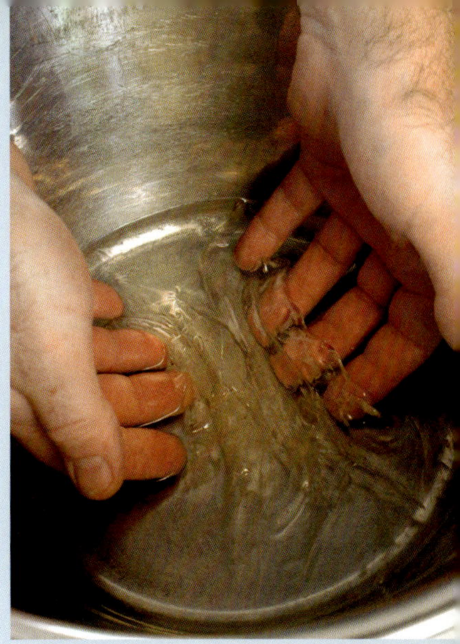

In einer Sülze werden klein geschnittene Zutaten von Gelee umschlossen und gebunden. Welche Form die Sülze nachher haben soll, entscheide ich mit der Auswahl des Gefäßes, in der ich sie zubereite. Ich gebe die Gemüse-, Fleisch- und Wurststückchen in die Form und übergieße sie mit dem Gelee. Dann stelle ich die Form für einige Stunden zum Stocken in den Kühlschrank. Vor dem Anrichten tauche ich die Form kurz in ein heißes Wasserbad, damit sich das Gelee besser löst, und stürze die Sülze dann auf die Unterlage, auf der ich sie anrichten möchte.

Süße Geleespeisen

Tipp!

Sollte die Geleespeise beim Einrühren Klümpchen bekommen, kann man sie retten, indem man sie nochmals im Wasserbad erhitzt und solange rührt, bis die Creme wieder glatt ist.

Süße Geleespeisen werden aus einer beliebigen Flüssigkeit (möglich sind beispielsweise Obstsäfte, Wasser mit Zitronensaft, Fruchtmark, Milch, Buttermilch und natürlich auch Wein), Zucker und aufgelöster Gelatine zubereitet.
Für einen Liter Flüssigkeit benötigt man in der Regel 12 Blatt Gelatine und Zucker nach Geschmack.

Die Gelatine weiche ich ein und löse sie dann tropfnass mit einem Teil der Flüssigkeit im Wasserbad auf. Gelatine darf auf keinen Fall kochen, da sie sonst nicht mehr bindet. Wenn sich alles aufgelöst hat, gebe ich die Mischung noch warm in eine Schale zu der übrigen Flüssigkeit, schmecke sie mit Zucker ab und stelle die Speise zum Erstarren in den Kühlschrank.

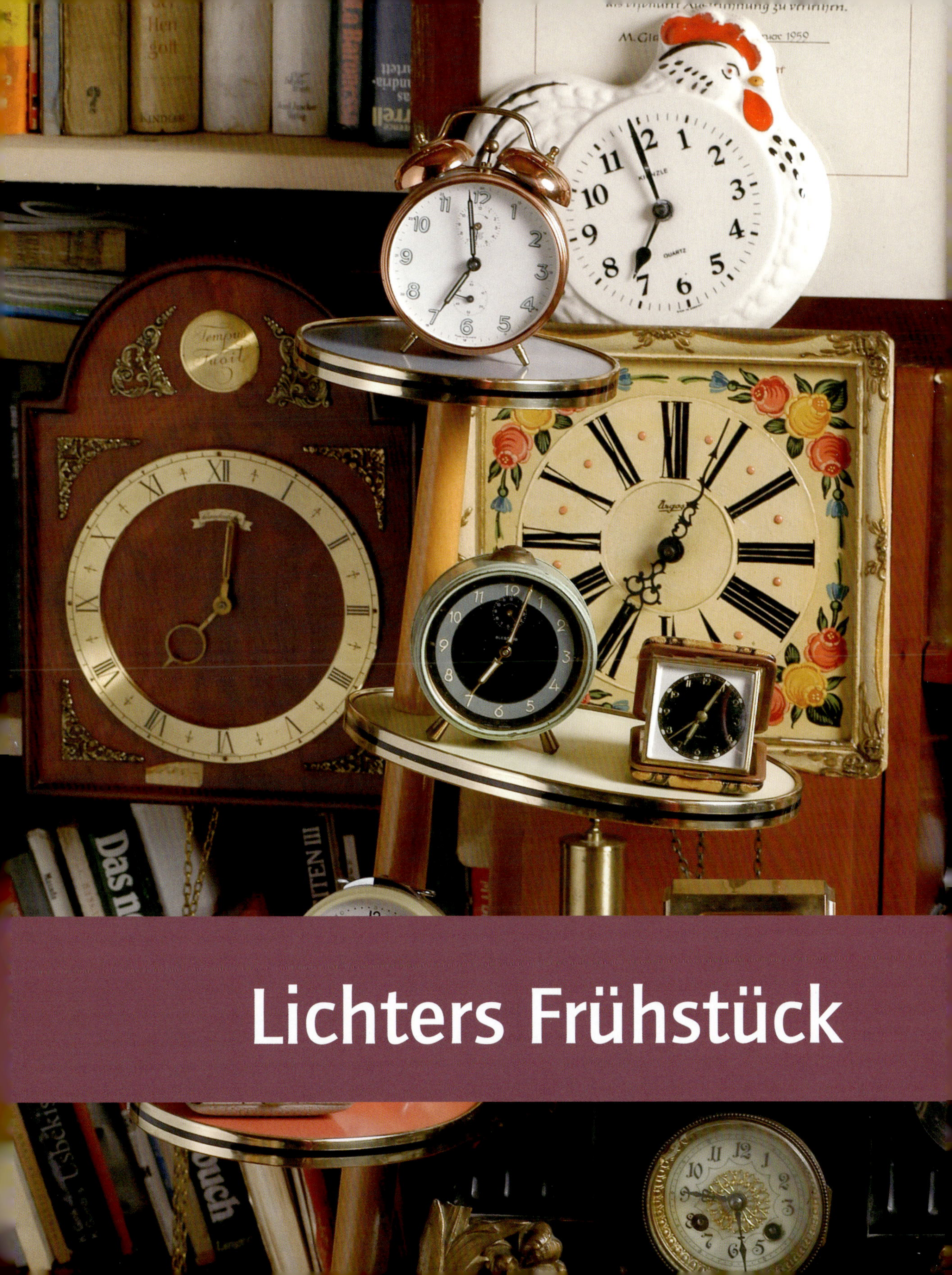

Lichters Frühstück

Rührei

Rührei schmeckt mir am besten mit Kondensmilch zubereitet. Entstanden ist dieses Rezept daraus, dass wir früher zu Hause immer sparen mussten und man mit Kondensmilch die Rühreimasse fast um die doppelte Menge strecken kann. Da hast du dann plötzlich einen riesigen Berg Rührei stehen und es schmeckt auch noch super. Milch ist dafür leider nicht geeignet, sie hat zu wenig Fett und setzt sich deshalb vom Ei ab.

Als Hauptgericht rechne ich 2 bis 3 Eier pro Person. Ich verquirle die Eier gründlich mit etwas Salz, Pfeffer und 2 Esslöffel Wasser, am besten geht das mit dem Schneebesen. Dann zerlasse ich das Fett, gebe die Rühreimasse hinein, lasse sie zum Stocken kommen und ziehe sie dann mit einem Löffel (nicht mit der Gabel) bei schwacher Wärme vorsichtig an den Rand der Pfanne. Bei langsamem Garen und gleichmäßigem Abrühren wird das Rührei weich und sahnig. Bei schnellem Garen wird es zäh und ledern. Nach etwa fünf Minuten ist das Rührei fertig. Meine liebsten Beilagen dazu sind ein frisches Butterbrot oder Bratkartoffeln.

8 Eier
Salz, Pfeffer
2 EL Kondensmilch
30 g Butter

Tipp!

Es schmeckt toll, wenn man das Rührei mit fein geschnittenem Schnittlauch oder kleinen Käsewürfeln (Schweizer Käse oder sehr altem Gouda) verfeinert. Natürlich passen auch gedünstete Schinkenstückchen sehr gut hinein, man kann das fertige Rührei auch in Scheiben von heiß gemachtem Schinken gerollt servieren. Wenn man dann noch Spargel mit in die Schinkenscheiben einrollt, hat man ein richtiges Frühstück de Luxe.

Schokoladenquark

Ich verrühre mit dem Handrührgerät den Quark mit dem Zucker und der Schokolade und gieße nach und nach so viel Milch oder Joghurt hinzu, dass eine geschmeidige, glatte Masse entsteht.

500 g Quark
6 EL Zucker
50-100 g geriebene Schokolade nach Geschmack
1/8 l Milch oder Joghurt

Buttermilchstuten

600 g Mehl
1 Würfel frische Hefe
400 ml Buttermilch
115 g Butter
75 g Zucker
1 Eiweiß
2 Eigelb
1 TL Salz
evtl. eine Hand voll Rosinen

Ich bereite aus der zerbröselten Hefe, Buttermilch, Salz, Eiern, Zucker und der Hälfte des Mehles einen Vorteig zu und lasse diesen 30 Minuten gehen. Dann schmelze ich die Butter und pinsele damit eine Kastenform aus. Den Rest gebe ich mit dem übrigen Mehl dem Teig hinzu und knete diesen nun noch einmal für mindestens 5 Minuten.
Danach lasse ich den Teig nochmals 30 Minuten gehen, knete ihn ein weiteres Mal durch und fülle ihn nun in die Backform. Wer es mag, kann bei diesem letzten Kneten die Rosinen untermengen, wobei ich empfehle, diese zunächst mit etwas Mehl zu bestäuben und umzurühren, damit sie nicht aneinander kleben und nicht so stark schmieren.
Vor dem nun folgenden letzten 30-minütigen Gehen bestreiche ich den Stuten mit Wasser, damit die Oberfläche nicht austrocknet.
Der Stuten gart langsam, aber sicher 1 Stunde lang im auf 175°C vorgeheizten Backofen.

Nach dem Backen den Stuten nicht sofort stürzen, sondern etwas abkühlen lassen, damit er auch bestimmt heil bleibt.

Eine Scheibe von diesem Stuten mit guter Butter drauf zum Frühstück – und der Tag wird ein Fest!

Tipp!

Ich stelle beim Backen gern ein feuerfestes Gefäß mit Wasser mit in den Backofen, dann wird das Gebäck garantiert nicht trocken!

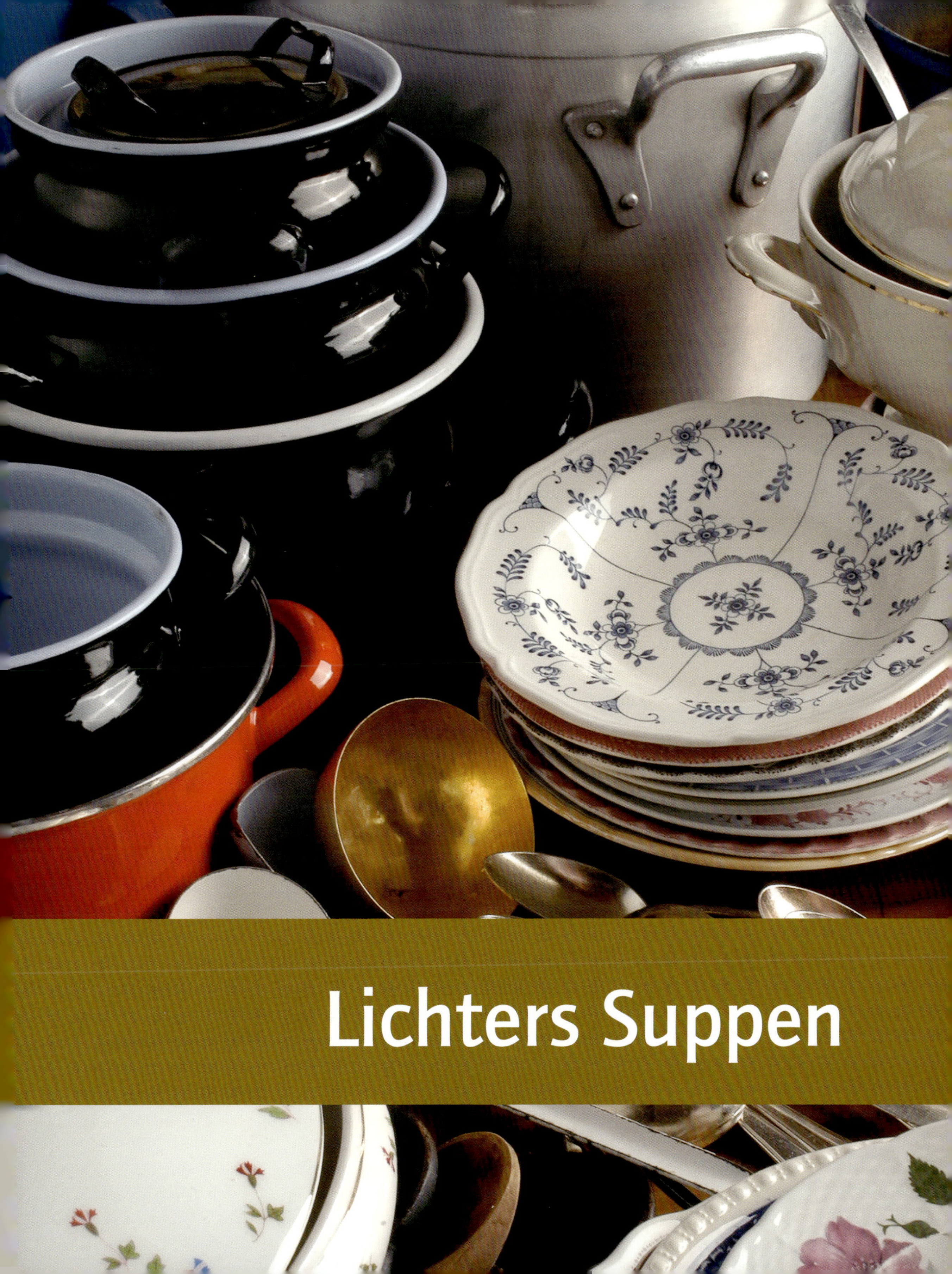

Lichters Suppen

Hühnersuppe

1 Suppenhuhn
$2^1/_2$ l Wasser
Suppengrün (1 Stück Sellerie, 1 Möhre, 1 Stange Porree, evtl. Petersilienwurzel)
Salz
1 Hand voll Reis

Eine duftende, dampfende Hühnersuppe lässt einem nicht nur das Wasser im Mund zusammenlaufen, sie ist als Hausmittel bei Erkältungen schon seit Jahrhunderten bekannt. Sie hilft nachweislich bei Erschöpfung und Entzündungen der Atemwege, aber welcher Bestandteil der Suppe nun die heilsamen Kräfte hat, haben die Wissenschaftler bis heute nicht herausgefunden.

Ich schneide das Suppengrün in Würfel, nehme das Suppenhuhn aus und wasche es und gebe alles zusammen mit dem gesalzenen kalten Wasser in einen großen Topf. Ich bringe die Suppe zum Kochen und lasse das Ganze bei niedriger Temperatur etwa eine Stunde köcheln. Magen, Herz und Leber des Huhnes kann man mitkochen, die Leber sollte man aber schon nach wenigen Minuten wieder herausholen, weil sie ruckzuck gar ist.
Es bildet sich Eiweißschaum, der regelmäßig abgeschöpft werden sollte, damit die Suppe schön klar wird.
Nach etwa 60 Minuten hole ich das Huhn aus dem Topf und lege es auf ein großes Brett, um das Fleisch gut vom Knochen lösen zu können. Ich gebe das Fleisch klein geschnitten zurück in die Suppe, füge eine Hand voll Reis hinzu und lasse alles zusammen weiterkochen, bis der Reis gar ist.
Auch Spargelstückchen, Brokkoliröschen oder Griesklößchen kann man sehr gut in den letzten Minuten mitkochen lassen.

Tipp!

Die schöne gelbe Farbe erhält die Suppe durch das Fett im Hühnchen. Um den gelben Farbton zu verstärken, gibt es einen uralten Trick: Schon meine Großmutter kochte in ihrer Hühnersuppe immer eine halbe angebrannte Zwiebel mit. Dazu wird die Zwiebel einfach ungeschält halbiert und mit der Schnittstelle nach unten auf die heiße Herdplatte gelegt, bis sie wirklich kohlrabenschwarz ist. Aber nicht vergessen, die Zwiebel vor dem Servieren wieder herauszuholen!

Pfuschzettel

Gepfuschte Hühnersuppe

Hühnerbrühe aus dem Glas
(2 Gläser oder bei gekörnter Brühe nach Zubereitungsangabe auf dem Etikett + ½ Löffel mehr, damit es nach etwas schmeckt)

Hühnchenstücke
(Geeignet ist Hühnerbrust oder auch Hühnchenschenkel. Wichtig: etwas Fett, also auch Haut, sollte dabei sein, damit man nachher auch die typischen Fettaugen auf der Suppe hat.)

2 Möhren
1 Stange Porree
2 Kartoffeln
1 kl. Sellerie
gehackte Petersilie

Ich wasche alle Zutaten und schneide sie ganz klein in feine Streifen, das sieht schön aus und so werden sie schneller gar. Das Ganze koche ich in der Brühe 10-15 Minuten auf, dann hat das Gemüse noch ein bisschen Biss. Ich bin sicher, kein Mensch bemerkt den Unterschied zu einer richtigen Hühnersuppe. Ob diese nun aber auch die magischen Heilkräfte besitzt, das weiß man nicht ...

Gästebuch
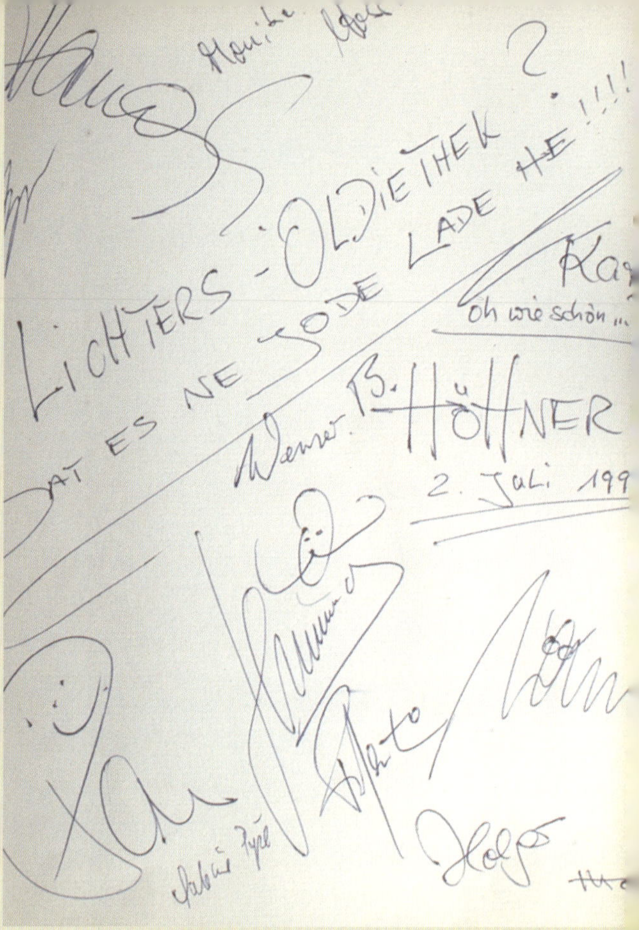
LICHTERS - OLDIETHEK ?
DAT ES NE JODE LADE HE !!!!
oh wie schön ...
HÖHNER

Dat es ne
jode Lade
HÖHNER

Die Höhner

Weil ein Abend bei mir in der Oldiethek derart durchgeplant ist, ist es natürlich das A und O, dass die Leute auch zur verabredeten Uhrzeit kommen und nicht einfach viel später, wie zum Beispiel Henning das gemacht hat, als er zum ersten Mal zu mir zum Essen kam. Wusste ich ja nicht, dass er der Sänger von der dollen Kölschen Band »Die Höhner« ist! Ich kenne die Musik ja nur vom Hören, nicht vom Sehen.
»Passt mal auf«, sagte ich zu ihm und seinen Freunden, »weil ihr so spät seid, bleibt jetzt keine Zeit mehr zum Aussuchen, ich koche euch jetzt einfach so etwas Leckeres.«
Dreist wie er ist, lief Henning einfach hinter mir her in die Küche und sah die ganzen rohen Zutaten.
»Mäst du dat ies jetz feddich?«
»Ja sicher dat!«
»Ja, bis du dann komplett bekloppt? Wann willst du dann feddich san?«
Wir haben uns kaputt gelacht.

Als Hobbykoch hat Henning nämlich eine Vorstellung davon, wie lange Kochen normalerweise dauert. Der hat nicht schlecht gestaunt, wie schnell ich das Essen zubereitet hatte! Ich bin eben gut organisiert.

Aus der Geschichte mit Henning ist eine richtige Freundschaft mit den Höhnern entstanden. Ich weiß gar nicht, wie oft sie mittlerweile schon hier waren.
Sogar eine Art Orden haben sie mir verliehen: »Dat es ne jode Lade he!« Klingt wie Jodeln, heißt aber: »Das ist ein guter Laden hier!«

Mein Gästebuch haben sie 1997 eröffnet. »Ding Küch es e Jeföhl!«, steht da!
Diese verrückten Höhner!

Gurkensuppe

Der Tropfen Öl kommt als erstes in den Topf, dann gebe ich die Butter hinzu – so kann die Butter auf höhere Temperaturen erhitzt werden, ohne dass sie verbrennt. Die fein gehackte Zwiebel lasse ich bei niedriger Temperatur schön glasig werden. Die geschälte Gurke kann man, wenn man möchte, entkernen. Dazu wird sie längs in Viertel geschnitten, sodass man mit einem Teelöffel die Kerne einfach ablösen kann. Dann schneide ich die Viertel in ½ Zentimeter dicke Stückchen, die ich zu den glasigen Zwiebelchen in den Topf gebe und mit dem ganz fein geschnittenen Dill zusammen bei niedriger Temperatur kurz andünste. Dann rühre ich das Tomatenmark und den Senf unter, fülle mit Brühe und Sahne auf und würze mit Salz und Pfeffer. Die Suppe muss jetzt nur ein kleines Momentchen kochen, dann ist sie eigentlich schon fertig. Zum Binden wird nun das Eigelb erst mit etwas Sahne oder Crème fraîche vermengt, damit das Ei nicht in der Suppe stockt.
Es ist wichtig, dass die Suppe nicht mehr kocht, wenn das Eigelb nun schließlich untergezogen wird, sonst haben wir Rührei in der Suppe.
Abschmecken – schon fertig!

Mit einem Sträußchen Dill dekoriert servieren.

1 Salatgurke
1 gr. Gemüsezwiebel (hübsch sind statt dessen auch zwei rote Zwiebeln)
50 g Butter
1 Tropfen Öl
1 Bd. frischer Dill
1 EL Tomatenmark (nicht so schlimm, wenn man keins hat, ist hauptsächlich für die schöne rosa Farbe da)
2 EL süßer Senf
200 ml Gemüsebrühe
400 ml Sahne (oder je 200 ml Sahne und Crème fraîche)
3 Eigelb
Salz, Pfeffer

→ Kochkursthema: Alternativen zur Mehlschwitze

Kartoffelsuppe

375 g Kartoffeln
Suppengemüse
(1 Stange Porree,
2 Möhren, 1/2 Knolle
Sellerie)
1 1/4 l Gemüsebrühe
50-60 g durchwachsener Speck
1 kl. Zwiebel
Petersilie, Schnittlauch,
Thymian oder Kerbel
Salz, Pr. Pfeffer

Diese Mengenangabe gilt für eine Vorspeisensuppe, wenn ich sie als Hauptspeise servieren möchte, nehme ich einfach doppelt so viel.

→ *Kochkursthema: Passieren*

Zunächst schäle, wasche und würfle ich die Kartoffeln und schneide auch das Suppengemüse klein – sehr klein sogar – und koche alles in der Gemüsebrühe in etwa 30 Minuten gar. In dieser Zeit würfle ich auch den Speck und die Zwiebel und dünste beides zusammen in der Pfanne an. Ich gebe den Speck und die Zwiebel in die Suppe, schmecke sie ab und bestreue sie zum Servieren mit den fein gehackten Kräutern. Das Gemüse kann vor der Zugabe des Specks auch passiert und mit etwas Sahne verfeinert werden, ich mag es aber auch sehr gerne, wenn man noch Stückchen in der Suppe hat.

Lichters Kleinigkeiten

Speckreibekuchen

1 kg Kartoffeln
1 TL Salz
2 Eier
1 EL Mehl
3 EL Speckwürfel
3 EL Zwiebelwürfel
Öl zum Backen

Ich schäle die Kartoffeln, wasche sie und reibe sie. Die Kartoffelmasse verrühre ich mit dem Salz, den Eiern und dem Mehl. Den Speck brate ich mit den Zwiebeln in der Pfanne goldbraun an und gebe alles in den Kartoffelteig. Nun erhitze ich reichlich Öl in der Pfanne und gebe mit einem Schöpflöffel kleine Plätzchen hinein, die ich von beiden Seiten knusprig brate und sofort serviere, am liebsten mit oder auf Schwarzbrot. Wer das Zusammenspiel von süß und herzhaft mag, wird Apfelmus dazu lieben.

Herrenrunde

Ich hatte einmal einen Skat-Club, bestehend aus vier älteren Herren, in der Oldiethek zu Gast. Alle bestellten Steak und auf meine Frage »Medium?«, wurde allseits genickt. Als ich aber gerade wieder in die Küche gehen wollte, hielt mich einer der Herren am Arm fest und sagte: »Jong, misch kannse ruhig en jroßes machen!«

Bunte Platte

Ich richte für mein Leben gern Buffets an, da kann ich mich so richtig austoben. Zum Beispiel stelle ich ein Motorrad oder eine Schaufensterpuppe zwischen die Speisen und serviere nicht alles auf Platten, sondern in uralten Töpfen. Ich baue alles mit ein, was mir gefällt: Bilder, Figuren, alte Autoteile, ein Rad, je verrückter, desto besser! Ich bin sicher, jeder hat, wenn er hinschaut, witzige Sachen zu Hause, die er für ein Buffet einmal zweckentfremden kann.

Als originelles und umweltfreundliches Partygeschirr lassen sich Bananenblätter sehr vielfältig verwenden. Für Gambas zum Beispiel rolle ich sie zu einer Tüte und fixiere das Ganze mit einem Zahnstocher. Als elegante Piekser nehme ich Zitronengras.
Desserts wie Puddings oder Cremes serviere ich gern in Eishörnchen, die kann man nachher einfach aufessen. Damit sie nicht durchweichen, gieße ich sie innen mit Kuvertüre aus, das schließt völlig dicht ab, da könnte man sogar draus trinken.

Gemüse in Aspik

Als erstes blanchiere und würze ich das Gemüse.
Die Möhrchen karamellisiere ich zusätzlich, das schmeckt toll. Dazu überstreue ich sie einfach in einer heißen Pfanne mit Zucker und lasse diesen schmelzen.
Grüne Bohnen lassen sich sehr schön mit einer Scheibe Speck zu einem Päckchen schnüren.
Ich bereite das Gemüse also zu, wie es mir schmeckt, so, wie ich es auch ohne Aspik gern essen würde, denn das Aspik ist ja geschmacksneutral und dient nur der Konservierung: Durch den Überzug trocknet das Gemüse nicht aus und behält seine schöne Farbe.
Nun tauche ich die Gemüsestücke in das flüssige Aspik, sodass sie von einer dünnen Schicht umschlossen werden, und lege sie zum Abkühlen am besten auf ein Gitter, damit die Aspikhülle so wenig wie möglich verletzt wird. Vor allem, wenn man das Gemüse in Aspik auf einem Aspikspiegel anrichten möchte, muss man beides zunächst sehr gut trocknen lassen, damit es nicht aneinander klebt.

Gemüse nach Belieben, z.B. Brokkoli, Blumenkohl, Möhren, Bohnen
Aspik
→ *Kochkursthema: Gelatine*

Krone aus Fleisch

1 Lammrücken, Rehrücken oder Schweinerücken, je nach Geschmack und gewünschter Größe
Pfeffer, Salz
ein Stück Lebensmittelbindfaden
weiße Papierhütchen in entsprechender Größe

Noch zu meiner Lehrzeit durfte auf keinem Buffet eine Krone fehlen. Heute sind sie scheinbar aus der Mode gekommen, dabei kann man damit mit wenig Aufwand einen tollen Effekt erzielen.

Ich schneide die Koteletts eng am Knochen aus dem Rücken heraus und bereite sie nach Belieben zu (z.B. paniert, gebraten oder als Folienkoteletts in Alufolie im Ofen gegart).
Aus einem Rücken kann ich zwei Kronen herstellen. Dazu teile ich den Rücken der Länge nach. Ich richte den Rücken mit dem Rückgrat nach unten auf, sodass die Rippen in einer Reihe nebeneinander stehen. Nun führe ich die Enden einen Kreis umschreibend zusammen, und zwar so herum, dass die Biegung der Knochen nach außen zeigt, und fixiere das Krönchen mit dem Bindfaden. Ich schiebe die Krone aus optischen Gründen noch für ein paar Minuten in den Ofen, damit wir nachher kein rohes Fleisch auf dem Buffet stehen haben.
Auf die Knochenenden stecke ich abschließend die Papierhütchen.
Zum Schluss richte ich die Koteletts vor der Krone an.

Gambas mit Dip

Ich brate die Gambas in der Schale, schneide sie aber am Rücken längs auf, damit der Darm ausbraten kann. Das klingt nicht gerade appetitlich, aber was will man machen ... Natürlich kann man die Gambas auch geschlossen braten, dann muss man den Darm aber am Tisch entfernen, und das ist auch nicht gerade schön.

Ich erhitze Olivenöl in einer Pfanne, gebe die Gambas zusammen mit dem fein gehackten Ingwer und Knoblauch hinzu und brate sie in wenigen Minuten gar. Das duftet schon bei der Zubereitung einfach umwerfend!

Für den Dip werden einfach alle Zutaten miteinander verrührt.

Tipp!

Für einen Gamba-Dip de Luxe hebe ich noch den Eischnee von 3 Eiern unter, dann wird das Ganze besonders cremig. Hmm ...

800 g Gambas
2 EL Olivenöl
1 Stk. Ingwer
(ca. 1x1 cm)
2 Zehen Knoblauch

Für den Dip:
150 g gute Mayonnaise
50 ml Ketchup
0,1 l Grand Marnier
(Orangenlikör)
fein gehackte Kräuter
nach Belieben
2 fein gehackte
Knoblauchzehen
je 1 Pr. Salz, Zucker,
Pfeffer

→ *Kochkursthema: Pfannkuchen*

Sülze

Für Sülze gibt es keine Mengenangaben, das macht man aus der Lamäng, je nach Appetit und Vorratskammer:

Schweine- oder Kalbfleisch
Schwarten
Brühe
Salz
Zwiebel
Lorbeerblatt
etwas Zitrone
Essig
1 Kalbsfuß
1 Schweinsfuß zum Gelieren

→ *Kochkursthema: Gelatine*

Ich koche das Fleisch zusammen mit der gewürfelten Zwiebel und dem Lorbeerblatt in Salzwasser etwa 1½ Stunden gar und lasse zum Gelieren von Anfang an die Füße und Schwarten mitkochen. Wenn sie gar sind, nehme ich alle Fleischstücke aus dem Topf, lasse sie abkühlen, löse die Knochen aus und schneide alle verzehrbaren Teile klein.

Die Brühe siebe ich und schmecke sie mit ordentlich Essig und Zitrone ab.
Ich verteile die Fleischstücke auf die Gefäße, in denen ich nachher die Sülze servieren möchte. Das können mehrere kleine Schalen sein oder auch eine große. Nun fülle ich die Schale/n mit der Brühe auf. Im Kühlschrank erkaltet und steif geworden lässt sich die Sülze stürzen. Dazu löse ich sie am Rand mit einem Messer vorsichtig ein wenig ab. Sollte beim Stürzen nichts stürzen, stelle ich die Schale kurz in ein Wasserbad.
Die fertige Sülze serviere ich entweder, wenn ich kleine Schälchen gewählt habe, im Ganzen mit Senf oder Mayonnaise garniert, in Scheiben geschnitten oder gewürfelt als Salat mit Eierscheiben und Gurkenstreifchen.

Tipp!

Eines meiner Leibgerichte ist eigentlich ein Wiederspruch in sich, nämlich gebratene Sülze. Sülze kann man nicht braten, weil sie in dem Moment, da sie erhitzt wird, zerläuft. Um dies zu verhindern, mehliere ich das Stück Sülze, das ich braten will, und lege es nur ganz, ganz kurz in die stark vorgeheizte Pfanne. Klack, klack von beiden Seiten anbraten und dann direkt raus und auf den Teller. So habe ich warme Sülze – lecker.

Explodierte Eier

Damals in meiner Lehrzeit hatte der Küchenchef sein Büro direkt neben der Küche. Wenn der Chef gut gelaunt war und wir alles tiptop erledigt hatten, durften wir manchmal ein bisschen bei ihm fernsehen. Das war immer eine Sensation. Also schrubbten und malochten wir in Rekordtempo und bettelten dann: »Herr Winter, dürfen wir fernsehen? Bitte!« Er fragte dann: »Ist die Küche denn auch picobello sauber?« Als wir eifrig nickten, durften wir tatsächlich hereinkommen.
Was ich allerdings in der Aufregung vergessen hatte, waren zwei große Töpfe mit Eiern auf dem Herd. Die kochten da vor sich hin, bis gar kein Wasser mehr in den Töpfen war. Plötzlich gab es einen dicken Knall und die 30 Eier waren explodiert. Die Küche sah aus wie ein Schlachtfeld! Wir haben noch nach einem ¾ Jahr Eierreste an den unmöglichsten Stellen gefunden. Und fernsehen durften wir von da an nie wieder.

SCHWELM
BIER
lecker
Lichter's
Helles

Verlorene Eier in Cocktailsoße

Verlorene Eier standen früher auf der Speisekarte jeder Kneipe, die was auf sich hielt. Heute sind sie scheinbar wortwörtlich verloren gegangen – aber nicht mit mir: Ich habe sie wiederentdeckt, und ich bin sicher, die kommen bei jedem gut an!

Für die Cocktailsoße verrühre ich einfach alle Zutaten sehr sorgfältig.

Verlorene oder pochierte Eier werden ohne Schale in mit Essig versetztem Salzwasser gekocht. Dazu schlage ich das Ei in einer Suppenkelle auf und achte darauf, dass das Eigelb vom Eiklar ganz umschlossen ist. Ich versenke die Suppenkelle nun langsam im siedenden Wasser und hole das Ei nach etwa vier Minuten wieder heraus und schrecke es in kaltem Wasser ab. Nun stutze ich die Eier mit einem scharfen Messerchen in eine schöne Form und richte sie in der Soße an.

8 Eier
Essig
Salz

Für die Cocktailsoße:
8 EL Mayonnaise
4 EL Kechup
einige Spritzer Tabasco
4 EL Ananassaft
Salz, Pfeffer, Zucker

Rheinisches Durcheinander

Kartoffelpüree f.
4 Personen:
ca. 800 g Kartoffeln
(mehlig kochende)
ca. 50 g Butter
1 Schuss Milch oder
Sahne
frisch geriebene
Muskatnuss, Salz
1 Kopf Endiviensalat
4-6 hartgekochte Eier
150-200 g Speck
1 Gemüsezwiebel
Pfeffer, Salz

Ich weiß gar nicht, ob dieses Gericht einen Namen hat. Es ist schon von Kindheit an eines meiner liebsten Sommergerichte. Ich garantiere: Davon isst einfach jeder mehr, als er eigentlich kann.

Für das Kartoffelpüree schäle ich die Kartoffeln, schneide sie klein und koche sie in Salzwasser gar. Dann gebe ich sie in eine Rührschüssel, füge die Butter, geriebene Muskatnuss und die Milch/Sahne hinzu und verrühre das Ganze mit dem Handrührgerät zu Brei. Die Konsistenz des Pürees kann ich durch die Menge der zugegebenen Milch selbst bestimmen. Ich schneide den Salat in feine Streifen und die Eier, den Speck und die Zwiebel in Würfel. Den Speck lasse ich in der Pfanne aus, gebe die Zwiebelchen dazu und brate beides schön braun an. Ich hebe alle Zutaten mit einem Holzlöffel unter das Kartoffelpüree, würze mit Pfeffer und Salz – und dann sofort auf den Tisch damit, sonst wird der Salat labberig.

Lichters Fleischgerichte

Rinderschmorbraten

500–750 g Schmorfleisch, am besten aus der Keule
1 Zwiebel
50-75 g Butter oder
80 g Speck
wenig Flüssigkeit
etwas Mehl
1/8 l Buttermilch, Joghurt oder saure Sahne
Salz, Pfeffer, Paprika

→ *Kochkursthema: Schmoren*

Ich wasche das Fleisch, trockne es ab, reibe es mit Salz ein und brate es zusammen mit der klein gewürfelten Zwiebel in einem Schmortopf ringsherum an. Erst wenn das Fleisch eine kräftig braune Kruste hat, gebe ich etwas Schmorflüssigkeit hinzu. Dann schließe ich den Topf und lasse das Fleisch bei kleiner Flamme etwa 90-120 Minuten schmoren.
Ein Schmortopf eignet sich besonders gut, weil er schmaler als normale Töpfe ist und sich daher die Schmorflüssigkeit nicht im Topf verliert. Natürlich kann man auch in einem anderen Topf schmoren, das Fleisch sollte aber in jedem Fall zu etwa 1/3 in der Flüssigkeit liegen. Nach etwa einer Stunde wende ich den Braten.
Wenn er gar ist, nehme ich den Braten heraus, schabe den Bratensatz los und fülle mit der für die gewünschte Soßenmenge erforderlichen Flüssigkeit auf. Ich verrühre das Mehl mit dem Schneebesen in der Buttermilch, dem Joghurt oder der sauren Sahne und binde die Soße damit. Ich gehe vorsichtig mit dem Mehl um und dicke lieber noch etwas nach, als dass ich am Anfang zu viel nehme und die Soße ruiniere. Schließlich schmecke ich mit Salz, Pfeffer, Paprika und evtl. einer Prise Zucker ab. Das abgekühlte Fleisch schneide ich quer zur Fleischfaser auf.

Gebratener Fasan

Fasan kaufe ich frisch beim Metzger oder – außerhalb der Saison, wenn es sein muss – auch tiefgekühlt. In beiden Fällen wasche ich ihn von innen und außen, trockne ihn dann sorgfältig ab und lege ihn in einen Bräter. Dann wird er innen und außen mit Salz berieben, mit der zerlaufenen Butter übergossen und in den vorgeheizten Backofen geschoben. Damit der feine Vogel nicht austrocknet, übergieße ich ihn immer wieder mit dem Saft, der unten im Bräter anfällt. So wird er richtig schön knusprig.
Der Braten ist in etwa 70 Minuten gar. Nach 50 Minuten im Ofen gebe ich die saure Sahne hinzu und fahre mit dem regelmäßigen Übergießen fort.
Schließlich hole ich den Fasan aus dem Ofen und nehme ihn aus dem Bräter, um die Soße zuzubereiten. Hierzu dicke ich einfach den Bratenfond mit etwas in saurer Sahne eingerührtem Mehl an und schmecke mit Salz und Pfeffer ab.

1 Fasan
100 g Butter
reichlich Salz
1/4 l saure Sahne
Mehl

→ *Kochkursthema: Schmoren*

Tipp!

Ich umwickle den Fasan gern vor dem Braten mit Speckscheiben, die ich mit Lebensmittelbindfaden fixiere. Nach dem Braten nehme ich den gebräunten Speck dann ab und richte ihn in Streifen geschnitten zu dem Geflügel an. Köstlich!

Heringe

Ab in die Küche

Es finden oft Geschäftsessen in der Oldiethek statt, weil die Leute die lockere Atmosphäre bei uns mögen, und hoffen, dass diese sich auch auf das Gespräch überträgt. Je größer das Geschäft, desto weniger locker sind aber meistens die Geschäftspartner in Spe. Einmal stand ein Freund von mir in Verhandlung mit den Schlecker-Drogerien, es ging um einen Millionenauftrag.
Als ich in den Raum kam, um alle zu begrüßen, bot sich mir ein drolliger Anblick: Da saßen nun 18 Geschäftsleute, alle in voller Business-Montur, zugeknöpft bis oben hin. »Mensch, euch hat aber die Mama schön gemacht.« – das konnte ich mir nicht verkneifen. Alles guckte, keiner lachte. »Oh, oh«, dachte ich, »das wird ein hartes Stück Arbeit!« Wie immer gab ich jedem die Hand und stellte mich per du vor, «Hallo, ich bin der Horst.« Bei drei Mann musste ich mir die Hand nehmen, um sie zu begrüßen, so perplex waren die.
In den Top-Restaurants, wo sie sonst essen, läuft der Kellner ja unterm Teppich, damit der nicht gesehen wird.

Später kam meine Kellnerin zu mir und sagte: »Einer der Herren fragt, wann endlich das Essen kommt.« Ich ließ mir beschreiben, wie er aussah und wo er saß, und platzte dann in dieses todernste Geschäftsgespräch. »Entschuldigt bitte die Störung, aber für den weiteren Verlauf des Abends ist es sehr wichtig, dass du mal mit mir runter in die Küche kommst.« Ich sah, wie mein Auftraggeber kreidebleich wurde, aber der Mann stand tatsächlich auf, lächelte und sagte: »Wenn das für den weiteren Verlauf des Abends so wichtig ist, werde ich es selbstverständlich tun. Meine Herren, bitte entschuldigen Sie mich.«
Ich stellte ihn in der Küche neben meinen glühenden Ofen, drückte ihm ein Glas Wasser in die Hand und sagte: »Pass mal auf, damit du siehst, warum das hier so lange dauert, guckst du mir einfach ein paar Minütchen zu.« Er stand brav da, trank sein Glas Wasser, schaute interessiert zu und fragte nach einiger Zeit sehr höflich: »Wenn ich dann jetzt wieder hinauf gehen dürfte? Nehmen Sie sich die Zeit, die Sie brauchen.«

Kurz darauf hörte man plötzlich so etwas wie Lachen aus dem Besprechungszimmer! Da schaute ich gleich mal nach, und tatsächlich, die Stimmung entwickelte sich, die Krawatten waren gelockert und die Leute hatten Spaß.

Am Ende des Abends kam mein Auftraggeber runter, schnappte mich alleine beiseite und sagte: »Horst, du bist heute ganz knapp am Tod vorbeigegangen. Weißt du, wen du da runtergeholt hast?« »Nein ... « »Herrn Schlecker persönlich hast du in die Küche zitiert! Wenn der nach Hause gefahren wäre, hätte ich dich umgebracht. Aber du hast unbewusst genau das Richtige gemacht – er war nachher so locker und hat richtig viel gelacht und ich habe den Auftrag bekommen!«

Wahrscheinlich hatte noch nie jemand so »normal« mit Herrn Schlecker gesprochen, ohne es böse zu meinen. Der Mann ist ja nicht dumm, er begriff sofort: Ich bin so, und so läuft das hier. In der Oldiethek bin ich Direktor. Hier ist ein Mensch ein Mensch und nicht ein Titel, das hat ihm gefallen.

0,2 L
Trink

Frikadellen

Ich würfle die Zwiebel so fein wie möglich, vermenge alle Zutaten mit den Händen und forme dann die Frikadellchen so groß, wie ich lustig bin. Für Parties sind ganz kleine Kügelchen super, wenn man aber normal große Frikadellen macht, empfehle ich, sie nicht kugelrund zu formen, sondern sie etwas flach zu drücken, da man sonst Gefahr läuft, dass die Bouletten außen schon schwarz, aber innen noch roh sind. Ich erhitze Öl in einer Pfanne und brate nicht zu viele Frikadellen auf einmal schön knusprig dunkelbraun.

500 g Hackfleisch (»Halb und halb«, d. h. Rindfleisch und Schweinefleisch gemischt)
2 Brötchen oder eine Kaffeetasse Paniermehl
2 Eier
1 Zwiebel
Salz, Pfeffer, Paprika

→ *Kochkursthema: Hackfleisch*

Falscher Hase

Das Hackfleisch wird vorbereitet wie für Frikadellen, nur werden diesmal keine Kugeln geformt. Stattdessen lege ich die sechs hartgekochten Eier in einer Reihe in eine Kastenbackform und bedecke diese dann mit dem Hackfleisch. Ich mache den Braten lieber lang als hoch, denn so wird er besser gar. Der falsche Hase wird im Backofen bei 250°C für 20-30 Minuten gegart. Sollte der Braten zu früh zu braun werden, kann man ihn mit einem Stück Alufolie vor dem Ankokeln schützen.

Die Scheiben dieses Hackbratens sehen nachher auf dem Teller durch die aufgeschnittenen Eier in der Mitte sehr hübsch aus.

1 kg Hackfleisch halb und halb
6 Eier
4/5 Brötchen oder
3 Tassen Paniermehl
2 Zwiebeln
6 hartgekochte Eier

2002
LAS GAR
CABERNET
13% Vol. 750 ml.

Geschmorte Rehschulter

Ich häute die Rehschulter (kann man natürlich auch vom Metzger machen lassen), spicke sie mit den Speckstreifen, salze sie und brate sie zusammen mit dünnen Speckscheiben in einem Schmortopf beidseitig an. Nun gebe ich die übrigen Zutaten in den Topf, allerdings nur so viel Flüssigkeit (Wasser und Wein gemischt), dass das Fleisch zu etwa einem Drittel bedeckt ist, und schließe den Deckel. In etwa 40 Minuten schmort das Fleisch gar, in dieser Zeit übergieße ich den Braten immer wieder mit der Flüssigkeit im Topf und fülle auf, sobald er nicht mehr genug bedeckt ist.

1 Rehschulter (800-1200 g)
Speck zum Spicken (fetter Speck mit Schwarte)
Salz
12-14 Speckscheiben (durchwachsener Speck)
1/4 l Rotwein
1/4 l Wasser oder Fleischbrühe
1 Stückchen Ingwer (1,5 cm x 1,5 cm)
1 Lorbeerblatt
etwas geröstete Brotrinde
wenn nötig etwas Mehl
nach Belieben frische Petersilie, Estragon oder andere Kräuter

→ *Kochkursthema: Spicken*

Rheinischer Sauerbraten

3 Tage Zeit

750 g Rindfleisch
1 kleine Zwiebel
2 EL Zucker
etwas Speisestärke
Salz, Pfeffer
100 g Rosinen
200 g Lebkuchen oder Printen (ohne Schokolade)
1 EL Fett
Essig und Zucker oder Rübenkraut zum Abschmecken

für die Marinade:
ca. 350 ml Wasser
ca. 350 ml Kräuteressig
1 Lorbeerblatt
1 EL Gewürzkörnermischung
1 Pr. Salz
1 Zwiebel

Vorbereitung (3 Tage vor dem Festmahl):

Ich gebe die Zutaten für die Marinade in einen Topf, wobei ich die Zwiebel vorher geviertelt habe, und lasse alles zusammen kurz aufkochen. Dann gieße ich die Marinade noch heiß über das gewaschene und abgetrocknete Fleisch, das ich in eine Metall- oder Porzellanschüssel gelegt habe.

In diesem Bad ruht der Braten nun für 3 Tage und ich drehe ihn nur ab und zu um und genieße die Vorfreude.

Zubereitung:

Endlich – ich wecke den Braten aus seinem Schönheitsschlaf, nehme ihn aus der Marinade und tupfe ihn mit einem sauberen Küchentuch trocken. Ich würze ihn leicht mit Salz und Pfeffer und brate ihn dann in einem großen Bräter sehr heiß an, bis er von allen Seiten richtig kräftig dunkelbraun bis schwarz ist. Zum Schluss brate ich die gewürfelte Zwiebel noch für ein paar Minuten mit.

Nun gieße ich so viel Marinade hinzu, dass der Braten zu 1/3 bedeckt ist, und streue den Zucker darüber. Etwa 1 1/2 Stunden schmort das Ganze nun mit Deckel vor sich hin und ich gieße nach und nach die restliche Marinade über. Kurz vor Ende der Garzeit gebe ich die gewaschenen Rosinen und die zerbröselten Lebkuchen mit in den Topf.

Nachdem ich das Fleisch herausgenommen habe, dicke ich die Soße mit der mit etwas Wasser angerührten Speisestärke langsam an.
Jetzt kommt der Moment, auf den ich mich schon die ganze Zeit gefreut habe – ich schmecke die Soße mit Essig und Zucker, oder noch besser, weil typisch rheinisch: mit Rübenkraut ab. Der ganz spezielle Geschmack dieser Soße versetzt mich immer wieder in totale Begeisterung.

Ich serviere das Fleisch in Scheiben geschnitten in der Soße und reiche dazu Knödel – dat reicht!

Jagdgesellschaft

Zu meiner Lehrzeit kam jedes Jahr eine feine Jagdgesellschaft und brachte ihr selbstgeschossenes Wild, das sie in unserem Restaurant zubereitet haben wollte. Neben Hasen und Kaninchen waren auch Fasane dabei, die oft von den Schrotflinten so voller Bleikügelchen steckten, dass man sie gar nicht essen konnte. Mein Chef fuhr dann kurzerhand zur Metro, kaufte frischen Fasan und ließ die Jäger am Abend in dem Glauben, sie würden ihren selbsterlegten Fasan essen. Die stolzen und glücklichen Gesichter wären es ihm wert gewesen, sagte er.

Rinderrouladen

Ich breite die gewaschenen, abgetrockneten Rouladenscheiben auf einem Brett vor mir aus. Ich bestreiche das Fleisch auf der oberen Seite dünn mit Senf und lege den in dünne Scheiben geschnittenen Speck und die längs geschnittenen Gewürzgurken und Zwiebeln darauf und würze mit Salz, Pfeffer und Paprika.
Ich rolle die Fleischscheiben von einer Seite her fest auf. Ob ich dieses kleine Paket nun mit einer speziellen Rouladenklammer, mit Zahnstochern oder mit einem Twistfaden fixiere, spielt keine Rolle für den Geschmack – hierfür kann man einfach nehmen, was man zu Hause hat oder was einem am sympathischsten ist.

Dann erhitze ich Butter (oder Öl) in einem Schmortopf und brate die Rouladen zusammen mit einer feingewürfelten Zwiebel oder Möhre rundum kräftig an, dass sie so richtig schwarz werden. Jetzt nehme ich den Topf von der Flamme, füge etwas Schmorflüssigkeit, also nach Belieben Wasser, Brühe oder Wein, hinzu, lege den Deckel auf den Topf und ab damit in den Backofen. Hier ist es wichtig, darauf zu achten, dass die Temperatur nicht zu hoch ist – es darf nicht kochen, sonst wird das Fleisch zäh.
Nach etwa anderthalb Stunden sind die Rouladen gar. Dann nehme ich sie aus dem Topf und binde den Bratenfond mit in sauerer Sahne oder in Joghurt verquirltem Mehl, das schmeckt einfach toll. Ich schmecke die Soße ab und gieße sie über die auf einer Platte hübsch angerichteten Rouladen.
Guten Appetit!

4 Scheiben Rouladenfleisch, etwa 500-600 g
50-75 g fetter oder durchwachsener Speck
4 Gewürzgurken
4 kl. Zwiebeln
Salz, Pfeffer
50-60 g Butter zum Anbraten
1 gr. Zwiebel oder 1 Möhre
Schmorflüssigkeit (Wasser, Brühe oder Wein)
1 EL Mehl
evtl. knapp 1/8 l Joghurt

→ *Kochkursthema: Rouladen*

Dunkle Soße

Abschnitte
Röstgemüse
Lorbeerblatt, Wacholderbeeren, Nelken
Tomatenmark
Wasser, Brühe oder Wein (das Vierfache der Fleischmenge)
Mehl
Butter
Kalbsleberwurst/ Gänseleberpastete
Sahne

→ *Kochkursthema: Mehlschwitze*

Eine richtig gute braune Soße braucht viel Zeit und ein bisschen Aufwand. Wenn man sich also schon die Mühe macht, empfehle ich, gleich eine größere Menge zu kochen und das, was übrig bleibt, portionsweise einzufrieren. Auftauen sollte man das feine Sößchen dann bitte schonend im Wasserbad.
Für meine dunkle Soße kaufe ich Abschnitte beim Metzger, das sind Sehnen und Knochenstücke mit Fleischresten, die beim Parieren, also beim Zerteilen des Tieres, abfallen. Diese sind zwar nicht zum direkten Verzehr, aber sehr gut zum Bereiten einer Soße geeignet.
Die Abschnitte brate ich in einem größeren Topf scharf an, bis sie schon fast schwarz sind und gebe das Röstgemüse hinzu. Das können in Würfel geschnittene Zwiebeln, Sellerie, Porree und auch Möhren sein. Man kann hier bedenkenlos auch unansehnlichere Teile der Pflanzen verarbeiten, auch die gewaschenen Schalen. Sie tragen den Geschmack in sich und werden später ohnehin passiert.
Nun füge ich ein Lorbeerblatt, einige zerdrückte Wacholderbeeren und Nelken hinzu und brate alles zusammen an, bis auch das Gemüse braun ist. Bei den Nelken ist Vorsicht geboten – sie schmecken sehr intensiv. Davon nehme ich lieber etwas zu wenig als zu viel.

Um die satte Farbe der Soße zu unterstreichen, füge ich nun das Tomatenmark hinzu. Wenn es kurz angebraten wird, verliert es seinen Eigengeschmack. In diesem Fall dient es allein der Farbe.
Vermutlich bildet sich während des Anbratens ein Ansatz im Topf. Das ist völlig unbedenklich, da dieser sich löst, wenn nun die Flüssigkeit zugegeben wird. Verbrennen sollte allerdings nichts, sonst wird die Soße bitter.
Zum Auffüllen kann man natürlich Wasser nehmen, das ist die billigste Variante. Mit Brühe schmeckt es schon besser. Ich

nehme aber Rotwein, dieser gibt der Soße einen wunderbar runden Geschmack. Für einen Liter meiner Soße benötige ich etwa sechs bis acht Liter Rotwein. Hierfür nehme ich aber keinen guten Wein. Es darf ruhig ein junger Wein vom Winzer sein oder durchaus auch ein »Château de Trottoir« von Aldi.

Ich mache den Topf also voll, rühre um und lasse das Ganze auf ganz kleiner Flamme ziehen, sodass die Flüssigkeit langsam, aber sicher einkocht. Diesen Vorgang nennt man Reduktion und er dauert bei meiner feinen braunen Soße zwei Tage. Immer, wenn ich am Herd vorbeikomme, rühre ich mal um und schaue nach, ob noch genügend Flüssigkeit vorhanden ist und gieße gegebenenfalls etwas nach.

Sollte die Soße auch nach zwei Tagen nicht dick genug sein, kann man sich mit einer braunen Mehlschwitze helfen.
Da mir für meine dunkle Soße jedoch nichts zu fein ist, greife ich zur High-Class-Variante und nehme ein gutes Stück feine Kalbsleberwurst oder Gänseleberpastete, schneide sie in kleine Stückchen, rühre sie in ein Töpfchen Sahne und gebe das Gemisch dann unter die Soße, die dadurch ein klein wenig aufgehellt wird.

Pfuschzettel

Wenn man nun einmal unbedingt eine dunkle Soße braucht, aber keine zwei Tage investieren möchte und bei dem Gericht, zu dem man die Soße haben möchte, auch kein Bratfett anfällt, aus dem man auf andere Art eine gute Soße herstellen könnte, ja, dann kann man ausnahmsweise auch mit einer Soße aus dem Tütchen leben. Man muss eben nur wissen, wie man sie veredeln kann: Zunächst ersetze ich einen Teil der angewiesenen Wassermenge durch Rotwein oder Malzbier, das gibt dem Geschmack mehr Kraft. Dann gebe ich etwas Sahne hinzu und rühre schließlich noch ein Stückchen eiskalte Butter unter und würze eventuell nach – ja, so schmeckt es schon viel besser!

TOTO
DIN' HOME 5:17
ALE OF A MAN 5:29
LAST NIGHT 5:34
IN A WORD 3:56
MODERN EYES 4:24
RIGHT PART OF ME 5:44
7. MRS. JOHNSON 3:48
8. MISS SUN 5:04
9. LOVE IS A MAN'S WORLD 6:16
10. ON THE RUN 7:01
11. DAVE'S GONE SKIING 5:04
12. BABAMANZANE 1:47
13. AFRICA 9:51

Wer ist dieser Toto?

Eines Tages klingelte in der Oldiethek das Telefon, und jemand fragte mich, ob ich nicht ausnahmsweise am Montag, meinem Ruhetag, für 30 Personen, die mit Toto kämen, kochen könnte. »Na, gut!«, sagte ich, weil die Stimme am Telefon wirklich nett gefragt hatte. Keine Ahnung, wer dieser Toto ist.

Und auch am Montag bereute ich meine Entscheidung nicht: Es kamen lauter nette Leute, alle ganz entspannt in Jeans und T-Shirt oder Pullover gekleidet. Etwas schwierig war für mich nur, dass sie Englisch sprachen. Ich habe mich tapfer geschlagen und versucht, zu erklären, dass es bei mir nur eine gesprochene Speisekarte gibt. Aber als ich anfing, die Gerichte aufzuzählen, sah ich schon in ihren Gesichtern, dass mein Englisch scheinbar sehr amüsant war, sie mich aber nicht wirklich verstehen konnten. Also habe ich einfach alle mit in die Küche genommen und ihnen gezeigt, was es gibt. Da standen sie alle Mann beim Kochen um mich herum und waren völlig fasziniert von dem ollen Kohleofen und meiner Art, darauf zu kochen – sie wollten sich gar nicht mehr hinsetzen. Wir hatten sehr viel Spaß zusammen und feierten den ganzen Abend. Irgendwann fragte ich, wer von ihnen denn nun eigentlich dieser Toto wäre, und alle lachten sich halb tot. Einer, der Deutsch sprach, antwortete: »Toto ist doch keine Person! Die ganze Band heißt Toto! Das sind die weltbesten Studiomusiker! Die kennst du auf jeden Fall.«
Und als ich noch den Kopf schüttelte, hielt ich schon eine V.I.P.-Karte für das morgige Konzert der Band in den Händen.

Als die Musiker am nächsten Abend auf die Bühne kamen, dachte ich belustigt: »Guck mal an, die haben sich nicht mal umgezogen, die Jungs.« Dann legten sie richtig los und spielten einen Hit nach dem anderen. Die Musik gefiel mir wirklich gut und ich fragte mich, ob sie wohl auch eigene Stücke hätten. Bei dem Lied *Africa* ist bei mir dann endlich der Groschen gefallen. Ich stand da und hatte alle Haare hoch. »Mein Gott, das sind die ja echt! Und das sind auch alles deren Lieder!«
Mit diesen Berühmtheiten hatte ich so herumgealbert! Nicht zu fassen.

Auf der Bühne wurden nun die Musiker einzeln vorgestellt. Nacheinander spielte jeder ein Solo und sein Name wurde genannt. Doch was war das:
»... and the German cook of Toto is Horst Lichter!«
Spotlight auf mich, alle applaudierten – ich glaube, ich hatte noch nie in meinem Leben so viel Blut in meinem Kopf wie in diesem Moment. Plötzlich wusste jeder im Raum, wer ich bin!

Diese Begegnung werde ich niemals vergessen. Wieder einmal hat sich gezeigt: Wirklich große Persönlichkeiten brauchen keine Starallüren und keinen Hokuspokus. Bei mir in der Oldiethek waren Toto ganz normale Menschen, die sich einfach nur wohl gefühlt haben und Spaß zusammen hatten. Vielleicht haben sie es genossen, endlich einmal wieder von jemandem als Menschen kennen gelernt zu werden und nicht als weltberühmte Musiker.

PAULANER
Hefe-Weißbier

Panierte und falsche Koteletts

Koteletts sind saftiger als Schnitzel. Am liebsten nehme ich nicht die mageren Stücke aus der Hüfte, sondern die durchwachsenen Halskoteletts, weil an dieser Stelle die Fettadern durch den Muskel laufen und dem Fleisch einen unvergleichlichen Geschmack geben. Durch die schützende Panade bleibt der ganze Saft im Fleisch und es gelingt einfach wunderbar saftig.

Pro Person 1 Kotelett

Für die Panade:
Mehl
2 Eier (bei 4 Koteletts)
Paniermehl
Fett zum Braten

→ *Kochkursthema: Panieren*

Ich wasche die Koteletts und trockne sie ab. Dann würze ich sie mit meiner Gewürzmischung, bestehend aus Salz, der Hälfte der Salzmenge an schwarzem Pfeffer und wiederum davon die Hälfte an Rosenpaprika.
Dann paniere ich sie und brate sie im heißen Fett von beiden Seiten schön braun.

Dazu passen am besten kalte Rote Beete aus dem Glas und Salzkartoffeln.

Wenn es bei uns zu Hause früher Koteletts gab, machte meine Mutter für uns Kinder immer auch falsche Koteletts. Nachdem sie alle echten Koteletts fertig paniert hatte, waren meistens auf den Panade-Tellern noch Reste übrig. Notfalls hat sie noch ein Ei aufgeschlagen, dieses gewürzt, mit dem Paniermehl vermengt und aus dieser Masse ein Kotelett geformt. Das kam dann in das Bratfett von den anderen Koteletts. Damals hat mir das besser geschmeckt als richtige Koteletts!

PILS

Schweinelende Wellington

Ich taue den Blätterteig auf, würze die Schweinelende mit Salz und Pfeffer, brate sie ringsherum an und nehme sie dann aus der Pfanne.
Dann würfle ich die Zwiebel und die Champignons, dünste beides etwa zehn Minuten an und gebe sie dann zusammen mit der aus der Pelle gelösten Wurstmasse, dem Weinbrand, dem Thymian und der Petersilie in eine Schüssel. Ich mische alles zu einer gleichmäßigen Masse, der Farce.
Den Blätterteig rolle ich aus und bestreiche dann das Fleisch auf einer Seite mit der Farce. Mit dieser bestrichenen Seite lege ich es nun auf die Mitte des Teiges und bestreiche auch die anderen Seiten und wickle den Teig um die Lende. Mit der Naht nach unten lege ich dieses schöne Paket nun auf ein mit Wasser angefeuchtetes Backblech, dann backt es nicht so leicht an, und der Teig trocknet nicht aus. Den Teig schneide ich kreuzweise ein, damit der Dampf entweichen kann. Für eine satte Farbe bestreiche ich den Blätterteig außen mit Eigelb.
Ich backe den Braten im Ofen bei 200°C etwa 30 Minuten.

1 Päck. TK-Blätterteig
500-600 g Schweinelende
2 EL Butter
1 Zwiebel
200 g frische Champignons
2 frische Bratwürste
1 EL Weinbrand
1 Löffelspitze Thymian
1/2 Bund Petersilie
1 Eigelb

Eisbein mit Sauerkraut

4 Stk. Eisbein
1 l Brühe
1 kg Sauerkraut
Salz, Pfeffer

Ich setze das Eisbein in kaltem Wasser an und bringe es zum Kochen. Das Sauerkraut wasche ich, wenn es zu sauer ist, und gebe es zu dem Fleisch bzw. ich gebe das Sauerkraut in den Topf, lege das Fleisch darauf und wende es öfter, damit es gleichmäßig gar wird. Nach und nach gieße ich die Brühe über. Der ganze Vorgang dauert etwa 1 ½ Stunden. Vor dem Anrichten schmecke ich mit Pfeffer und Salz ab.

Tipp!

Eisbein mag ich gern, noch lieber mache ich aber eine Schweinshaxe draus, weil die so schön knusprig wird. Um eine Schweinshaxe zuzubereiten, kocht man das Fleisch nicht, sondern es wird im eigenen Saft geschmort. Die Speckschwarte nimmt man vorher ab. Damit sie ringsherum richtig knusprig wird, lege ich sie nachher noch unter den Grill oder in den Backofen.

Lichters Fisch und Meeresfrüchte

Seeteufel

Liebe Kinder haben viele Namen ... und der liebe Seeteufel hat in allen Sprachen lustige Namen, auf Englisch heißt er nämlich Monkfish und auf Französisch Lotte.

Ich wasche und trockne das Fischfilet, schneide es auf der einen Seite etwa ½ Zentimeter ein und würze es mit Pfeffer und Salz und träufle Worcestersoße in den Einschnitt. Dann mehliere ich den Fisch und gebe ihn in die Pfanne, wobei ich die eingeschnittene Seite zuerst anbrate, damit ich, während die zweite Seite anbrät, ein Stückchen Kräuterbutter in die Spalte füllen kann.
Nun stelle ich die Pfanne komplett in den Backofen (Vorsicht: Ist der Griff hitzebeständig? Da habe ich schon manche böse Überraschung erlebt!) und gare den Fisch dort in 8-10 Minuten bei 250°C fertig.

Dazu schmecken klassische Salzkartoffeln und ein Radieschensalat einfach toll.

800-1000 g
Seeteufelfilet
Salz, Pfeffer, Worcestersoße zum Beträufeln
Mehl zum Bestreuen
ca. 50 g Butter
ca. 50 g Kräuterbutter

→ *Kochkursthema: Mehlieren*

3 Sterne in der Oldiethek

Thorsten Ambrosius ist ein 3-Sterne-Koch, der viel für Witzigmann gearbeitet hat. Als er einmal bei mir in der Oldiethek war, sagte er: »Weißt du was, Horst, ich hab meine Kochjacke im Auto, die hole ich schnell und dann koche ich für dich und deine Frau.«
Es war für mich unheimlich interessant, ihm beim Arbeiten zuzusehen. Er arbeitete ganz anders als ich: sehr schnell, sehr nach unten geduckt, wie ein Künstler, der ganz schnell malt.
Aber er hielt seinen Arbeitsplatz nicht sauber. Als er zum Beispiel Kräuter hackte, warf er, was er brauchte, in die Pfanne und wischte dann kurz mit einem Handtuch über die Arbeitsplatte und – wusch – lagen die restlichen Kräuter auf dem Boden. Das ist das Gegenteil von meiner Arbeitsweise.

Er war sehr kreativ bei der Zubereitung. Es gab Entenbrust in einer ganz tollen Soße, die er mit Kakao komponiert hatte. Der Geschmack war super, nur dass die Entenbrust komplett hart und trocken gebraten war. Das lag an meinem alten Kohleofen, darauf erreicht man einfach ganz andere Temperaturen, der eignet sich nicht für die Sterneküche. Zu mir passt er aber sehr gut.

Mich haben immer schon Musiker fasziniert, die mit dem Herzen Musik machen. Ich hatte hier schon viele Musiker zu Gast und ich habe festgestellt, es gibt zwei Sorten: die einen setzen sich ohne mit der Wimper zu zucken an ein völlig verstimmtes Klavier und machen eine wunderschöne Musik. Die anderen haben an den besten Hochschulen gelernt, vom Feinsten. Die tippen zwei Tasten an und sagen, darauf kann ich nicht spielen. Das sind für mich keine Musiker. Und ein Koch muss doch auch auf einem Lagerfeuer etwas Schmackhaftes zubereiten können!

Rotbarsch im Spinatbett

800 g Rotbarschfilet
Saft von 1 Zitrone
1 kg frischer Spinat
(oder 500 g TK)
1 Zwiebel
60 g Butter
Salz, Pfeffer, frisch geriebene Muskatnuss
40 g geriebener Käse
(wer es mild mag, nimmt zum Beispiel einen jungen Gouda, richtig pikant wird das Ganze etwa mit einem Blauschimmelkäse)

Ich wasche das Rotbarschfilet, trockne es vorsichtig ab, beträufle es mit Zitronensaft und lasse es etwa 10 Minuten ziehen. In der Zeit wasche ich den Spinat und schneide ihn sehr fein klein. Die gewürfelte Zwiebel dünste ich in der erhitzten Butter an, reibe den Rotbarsch mit Salz und Pfeffer ein und gebe ihn zum beidseitigen Anbraten in die Pfanne.
Den Spinat verteile ich gleichmäßig in einer gut eingefetteten feuerfesten Form und würze mit Salz, Pfeffer und Muskat.

Nun lege ich das Fischfilet gemütlich auf diese grüne Wiese und begieße es mit dem Bratensaft aus der Pfanne. Zum Schluss streue ich den geriebenen Käse darüber und schiebe das Ganze für etwa 10 Minuten bei 250°C in den Backofen.

Tipp!

Fischer Fritzens frische Fische erkennt man an den Augen und den Kiemen. Glänzen die Augen wie bei einem Kind an Weihnachten und haben die Kiemen eine kräftig rote Farbe und sind unverklebt, dann ist der Fisch eindeutig frisch. Fische mit blassrosa Kiemen sollte man lieber nicht mehr verzehren.

Forellen in Kräutersoße

Ich hacke die Zwiebel und den Knoblauch sehr fein und dünste beides in der erhitzen Butter glasig und gebe dann die ebenfalls gehackten Kräuter hinzu.
Die Forellen wasche ich, tupfe sie vorsichtig trocken und reibe sie mit Salz ein. Dann gebe ich sie zu den Kräutern in die Pfanne und gönne ihnen eine Weißweindusche. In diesem Sud aus Wein und Kräutern dünste ich die Forellen nun in etwa 10 Minuten weich. Schließlich schmecke ich die Soße mit Zitronensaft und etwas Pfeffer ab und rühre die Sahne oder das Crème fraîche unter.

Tipp!

Sollten die Fische nicht bereits im Geschäft entschuppt worden sein, was in der Regel der Fall ist, reibt man am besten mit einem scharfen Messer unter fließendem Wasser behutsam vom Schwanz zum Kopf, bis die Schuppen abfallen. Schön vorsichtig schaben, damit die Haut nicht verletzt wird!

4 mittelgroße Forellen
100 g Butter oder Kräuterbutter
1/8 l Sahne oder Crème fraîche
1 Zwiebel
3 Knoblauchzehen
Kräuter nach Belieben, ich empfehle Petersilie, Thymian und Basilikum
Salz, Pfeffer
Zitronensaft
100 ml Weißwein

Heringsstipp

2-3 Heringsfilets
Milch
1 Gewürzgurke (mit Marinade aus dem Gurkenglas)
3 Rote Beete
250 g Mayonnaise
1/8 l Joghurt
Zucker, Pfeffer, Salz
2-3 säuerliche Äpfel
250 g festkochende Kartoffeln

Früher gab es in Deutschland zum Glück noch kein Sushi, da hatten wir leckeren Hering, das ist schließlich auch roher Fisch, aber der schmeckt wenigstens nach etwas! Eingelegt und als Heringsstipp zubereitet schmeckt er mir am besten.

Die Heringsfilets lege ich 12 Stunden in Milch ein und schneide sie dann in mundgerechte Stücke. Diese gebe ich zusammen mit der gewürfelten Gewürzgurke, den ebenfalls gewürfelten Äpfeln, der Mayonnaise und dem Joghurt in eine größere Schüssel und vermenge alles. Beim Abschmecken bin ich großzügig mit Zucker und der Marinade aus dem Gurkenglas. Für einen rosa Heringsstipp die Rote Beete waschen, klein würfeln und untermischen.
Die Kartoffeln werden als Pellkartoffeln zubereitet und je nach Geschmack warm zu dem Heringsstipp gereicht oder gepellt und in Scheiben geschnitten unter die anderen Zutaten gemischt. Vor dem Servieren sollte der Heringsstipp mindestens sechs bis acht Stunden ziehen, damit sich der Geschmack der Zutaten optimal verbindet. Da läuft mir schon beim Schreiben des Rezeptes das Wasser im Munde zusammen. Ich kann nur sagen: Guten Appetit!

Lichters Beilagen

Semmelknödel

10-12 altbackene Brötchen
etwa ½ l Milch
6 Eier
etwas Mehl
Salz, Muskatnuss,
zwei kleine Sträußchen Petersilie

Ich schneide die harten Brötchen in feine Scheiben. Das muss nicht unbedingt schön aussehen, denn sie werden ohnehin als nächstes mit der Milch übergossen und vermanscht. In diese Masse schlage ich nun die Eier, würze mit Salz und ein wenig frisch geriebener Muskatnuss und füge fein gehackte Petersilie hinzu. Der Teig sollte nun etwa 30 Minuten durchziehen. Dann streue ich Mehl nach Bedarf ein, vermenge die Masse zu einem festen Teig und forme mit bemehlten Händen etwa faustgroße Knödel daraus. Wenn der Teig an den Händen klebt, muss noch etwas Mehl hinzugefügt werden. Ich bringe leicht gesalzenes Wasser in einem großen Topf zum Kochen, lege die Knödel am besten mit dem Schaumlöffel ein und lasse sie 12-15 Minuten gar ziehen.

Tipp!

Mit etwa 20 altbackenen Brezeln anstelle der Brötchen kann man auf dieselbe Weise würzige Brezelknödel herstellen.

Halbseidene Klöße

1-1 1/4 kg mehlig kochende Kartoffeln
1 Ei
Milch nach Bedarf
Salz, Muskatnuss
2 altbackene Brötchen
20 g Butter

250 g Kartoffeln von der Gesamtmenge koche ich als Pellkartoffeln, also mit Schale in ungesalzenem Wasser. Wenn sie gar sind, gieße ich sie ab, pelle sie und zerdrücke oder reibe sie noch warm.

In den 20 Minuten, in denen die Pellkartoffeln kochen, schäle ich die übrigen Kartoffeln, wasche und reibe sie. Die geraspelte Kartoffelmasse wird nun kräftig durch ein dünnes Baumwolltuch, zum Beispiel ein Küchenhandtuch, gedrückt. Das muss man richtig wringen und quetschen, sodass alle Flüssigkeit austritt. Dieses austretende Wasser fange ich in einer Schale auf, denn darin befindet sich das Kartoffelmehl, das ich als Bindemittel für die Klöße brauche. Es setzt sich bereits nach wenigen Minuten ab und ich kann das Wasser vorsichtig abschütten.
Sowohl die ausgedrückte Kartoffelmasse als auch das in der Schale zurückbleibende Kartoffelmehl vermenge ich nun mit dem Kartoffelschnee aus den Pellkartoffeln und füge außerdem das Ei und die kochende Milch hinzu.
Den Teig schmecke ich mit Salz und einer Spur frisch geriebener Muskatnuss ab.
Die Brötchen schneide ich in kleine Würfel und röste diese in der Pfanne mit der Butter.
Mit bemehlten Händen forme ich schließlich knapp faustgroße Klöße und drücke zwei bis drei der gerösteten Brötchenwürfel in die Mitte des Kloßes. Nun gebe ich die fertigen Klöße am besten mit Hilfe des Schaumlöffels in einen großen Topf mit leicht gesalzenem kochenden Wasser und lasse sie 20 Minuten gar ziehen.
Und weil ich mir so viel Mühe gegeben habe mit den Klößen, sind sie so nett und sagen Bescheid, wenn sie gar sind: Dann steigen sie nämlich nach oben an die Wasseroberfläche.

Tipp!

Natürlich kann ich die Klöße füllen, wie ich lustig bin. Sehr gut schmecken auch gebratene Fleisch- oder Speckwürfel, Würfel aus Hartkäse oder auch gehackte Kräuter, die ich mit Butter zu kleinen Kugeln knete.

Die Weihnachtsfeier

Chefs können ja so gemein sein!
Ein Freund von mir ist Inhaber einer großen Firma und wollte seine Mitarbeiter einmal so richtig reinlegen. Mit einem Reisebus karrte er sie anlässlich ihrer Weihnachtsfeier in die Oldiethek, wo wir im Restaurant alles verdunkelt hatten, sodass man nur die vorderen Räume sah. Drinnen hatten wir alles feierlich hergerichtet mit Kerzen und Blumen, hatten wunderschöne Tische gedeckt, Brotkörbe hingestellt und es lecker warm gemacht, aber das wussten die Leute ja nicht.
Draußen in der Halle gab es damals noch keine Heizung und es war tiefster Winter. Ich begrüßte sie, wohlweislich ohne Kochjacke, und sagte, wie sehr ich mich freute, dass sie hier in meinem »Museum« feiern wollten und dass wir ein Häppchen zum Essen vorbereitet hätten. Es gab Butterbrot mit Rübenkraut, Bier und Sekt – Ende. Enttäuschte Blicke. Ich entschuldigte mich für die Kälte und sagte, sie sollten sich trotzdem ganz zu Hause fühlen.
Ich gab vor, in der Oldiethek zu wohnen, und verabschiedete mich.

Nach etwa einer Stunde war die Stimmung ganz unten. Alle waren bis auf die Knochen durchgefroren, nur der Chef hatte vorgesorgt und sich extra dick angezogen. Die armen Angestellten wollten nur noch nach Hause, trauten sich aber nicht, vor ihrem Chef zu meckern. Wie verabredet kam ich dazu und berichtete ganz bestürzt: »Es tut mir wahnsinnig Leid, das Busunternehmen hat angerufen – es gibt einen Defekt am Bus. Sie versuchen, Ersatz zu besorgen, aber sie wissen nicht, wie lange das dauern wird.« In den Gesichtern stand das blanke Entsetzen.
»Meine Frau und ich sitzen zwar vorm Fernseher«, sagte ich, »aber wenn ihr möchtet, könnt ihr gerne reinkommen und euch ein bisschen aufwärmen. Ihr müsst wohl nur eng zusammenrücken und bitte – bringt mir nichts durcheinander!«
Durch die kleine Tür gelangten maximal zwei Personen gleichzeitig ins Restaurant, und so kamen die Mitarbeiter einer nach dem anderen in die warme Stube und ins Kerzenlicht, da hörte man nur noch »Oooooh!« und »Aaaah!«.
Es gab ein festliches Vier-Gänge-Menü, und der Abend wurde ein voller Erfolg, nicht zuletzt wegen der rührenden Rede des Chefs, in der er seinen Leuten versicherte, dass sie keine Angst zu haben bräuchten: Er wüsste sehr wohl zu schätzen, was sie täglich für ihn und das Unternehmen leisteten. Er sagte, er sei ihnen sehr dankbar, daran sollten sie bitte nie wieder zweifeln. Da wurde es sogar mir ganz weihnachtlich zumute, obwohl ich doch gar nicht in dem Laden arbeite!

HORCH 22/55
Landaulet

Dicke Bohnen mit Speck

Die gewaschenen Bohnen weiche ich über Nacht ein und koche sie dann in dem leicht gesalzenen Einweichwasser 1 ½ – 2 Stunden gar. Dann gieße ich die Bohnen ab, verwahre aber das Wasser für die Zubereitung der Soße.
Die gewürfelten Zwiebelchen dünste ich in der heißen Butter rundum goldbraun an, nehme sie aus der Pfanne und stelle sie warm.
Dann mache ich eine Mehlschwitze und lösche diese mit knapp ½ Liter heißem Bohnenwasser ab. Ich rühre das Tomatenmark ein, fülle mit dem Weißwein bis zu ½ Liter Soße auf und schmecke mit Salz, Zucker und Pfeffer ab.
Die Bohnen und die Zwiebelchen lasse ich nun in der Soße nochmals warm werden. Abschließend schmecke ich das Gericht noch einmal ab und richte es mit fein gehackter Petersilie an.

Als Beilage eignen sich knusprig angebratener durchwachsener Speck und Salzkartoffeln.

375 g weiße Bohnen (getrocknet)
knapp 1 ½ l Wasser
15-20 kl. Silberzwiebelchen
50-70 g Butter
30 g Mehl
reichlich 1 EL Tomatenmark
Weißwein
Salz, Zucker, Pfeffer
Petersilie

→ *Kochkursthema: Mehlschwitze*

Pommes macaire

Ich koche die Kartoffeln ungeschält in ungesalzenem Wasser gar, pelle sie und reibe sie noch heiß zu Kartoffelschnee.
Dann gebe ich die Butter, den gewürfelten Schinken, die verquirlten Eigelb und den trockenen Grieß hinzu und vermenge alles zu einem glatten Kartoffelteig, den ich mit Salz und etwas Paprika vorsichtig abschmecke.
Dann forme ich Bällchen aus dem Teig und drücke diese platt, damit man sie besser von beiden Seiten braten kann. Angerichtet werden die Macaire-Kartoffeln mit fein gehacktem Schnittlauch bestreut.

Tipp!

Wenn man diesen Kartoffelteig mit 100 g Joghurt verrührt, erhält man die Grundmasse für »Byron-Kartoffeln«. Diese wird in einer feuerfesten Form verteilt und mit ein bis zwei Esslöffeln geriebenem Parmesankäse bestreut und mit Butterflöckchen besetzt 10-15 Minuten im vorgeheizten Backofen bei 250°C überbacken.

1 kg Kartoffeln
40 g Butter
75-100 g Schinken
1-2 Eigelb
1 EL Grieß
Salz, Paprika

Zum Braten:
60 g Butter oder
70 g Speck
Schnittlauch

Kroketten

1 kg Kartoffeln
40 g Butter
75-100 g Schinken
1-2 Eigelb
1 EL Grieß
Salz, Paprika

Zum Braten:
60 g Butter oder
70 g Speck
Schnittlauch

→ *Kochkursthema: Panieren*

Für Kroketten benötigt man denselben Teig wie für Pommes macaire, nur dass diese eben in die typische Krokettenform gebracht werden. Außerdem müssen die Kroketten unbedingt sehr sorgfältig paniert werden, da der Kartoffelteig sonst beim Frittieren zerläuft und das ganze Frittierfett ruiniert.

Ich streue dazu das Paniermehl großzügig auf der Tischplatte aus und rolle die Kroketten darüber. Natürlich dürfen auch die beiden Enden nicht vergessen werden.

Die Frage, ob es sich lohnt, anstelle von Tiefkühlkroketten einmal welche selbst zu machen, kann nur jeder für sich selbst entscheiden.
Für mich bedeutet Essen Lust und Genuss – und auch das Kochen ist Lust, der Genuss der Vorfreude auf das, was man vorbereitet. Wer das genauso sieht, dem macht es sicher auch Spaß, Kroketten zu machen.

Tipp!

Natürlich kann man Kroketten auch ganz toll verfeinern, indem man sie füllt. Mit einem kleinen, kurz blanchierten Brokkoliröschen zum Beispiel oder einem Champignon. Dann forme ich den Kartoffelteig ringsherum schön rund zu einer Kugel, paniere diese und backe sie dann im heißen Fett aus. Auch beim Formen gibt es beinahe unbegrenzte Möglichkeiten: Zum Beispiel habe ich einmal für meinen Schatz lauter Herzchen geformt und ihr so eine gekochte Liebeserklärung gemacht. Sie war begeistert!

Sauerkraut

Fasssauerkraut sollte man vor der Zubereitung probieren und, falls es zu sauer ist, mehrere Male waschen. Dann zerlasse ich das Schmalz in einem Topf und verteile das zerpflückte Sauerkraut locker darauf. Die Zwiebel rühre ich grob geschnitten darunter. Dann gebe ich wenig Flüssigkeit hinzu, sodass das Sauerkraut gerade bedeckt ist, und koche es in wenigen Minuten je nach gewünschter Bissfestigkeit gar.
Schließlich schmecke ich mit Salz, Zucker und Maggi ab.

Sauerkraut schmeckt übrigens auch roh mit etwas Schmand sehr gut und bringt einen mit viel Vitamin C gesund durch den Winter.

550 g Sauerkraut
1 Zwiebel
Schmalz
Salz, 1 Pr. Zucker
einige Tr. Maggi

Rosenkohl im Mäntelchen

Rosenkohl ist ein echtes Wintergemüse. Wenn es noch nicht gefroren hat, schmeckt er noch bitter.
Wer nun im Garten Rosenkohl hat und denkt: »Mensch, ich habe aber so einen Appetit auf Rosenkohl, ich packe ihn einfach über Nacht in den Tiefkühlschrank!« – dem muss ich leider aus eigener Erfahrung sagen: Das funktioniert nicht.

Durch den Rosenkohl kam ich zu meinem Spitznamen »Pöppelchen«: In einer der ersten Fernsehsendungen, die ich machte, kochte ich Rosenkohl und kommentierte, meine Handgriffe: »Erst schneiden wir dem Köhlchen das Pöppelchen ab, dann ziehen wir ihm das Mäntelchen aus, und dann darf er in den Whirlpool.«

Sehr gut schmeckt Rosenkohl kurz blanchiert, also in Wasser gekocht, und dann mit Speck und Zwiebeln in der Pfanne angebraten, damit er außen richtig knusprig wird. Salz und Pfeffer drübergestreut und ein bisschen frisch geriebene Muskatnuss zugegeben – lecker!

Bei diesem Gericht mache ich den Rosenkohl nach dem Bad im Whirlpool ein bisschen schick – ich ziehe ihm ein Mäntelchen an.
Hierzu schlage ich die Eier auf und würze sie mit Salz und Pfeffer. Der blanchierte Rosenkohl wird kurz darin geschwenkt und dann frittiert, sodass das Ei rund um die Köhlchen stockt.

600 g Rosenkohl
2 Eier
Pfeffer, Salz
Fett zum Frittieren

→ *Kochkursthema: Frittieren*

Gebratener Sellerie

1 gr. Knollensellerie
etwas Olivenöl
1 Stückchen Butter

Mit dem Sellerie ist es dasselbe wie mit der Zwiebel: Roh hat er einen ganz starken Eigengeschmack, den nicht jeder mag. Wenn man ihn aber brät, wird er überraschend süß.

Den Sellerie zu schälen ist im Grunde das Schwierigste am ganzen Rezept. Mit dem Sparschäler ist man da ewig beschäftigt – am besten schneidet man richtig großzügig mit einem scharfen Messer ringsherum alles ab, was braun ist. Die Schale kann man sehr gut zum Zubereiten einer Brühe verwahren.

Dann schneide ich den Sellerie in etwa einen Zentimeter dicke Scheiben und lege sie in die Pfanne, in der ich bereits das Olivenöl erhitzt habe. Sellerie muss überhaupt nicht gewürzt werden, ich füge zum Abrunden des Geschmacks nur ein Stück Butter zu. Die Selleriescheiben sind fertig ausgebacken, wenn sie braun werden. Der Geschmack ist sehr intensiv und erstaunlich süß.

Anstelle von Scheiben kann man auch gut feine Stäbchen aus der Sellerieknolle schneiden, die man nachher auf dem Teller schön aufschütten kann.

Als Beilage passt Sellerie gut zu kräftigem Fleisch, ist aber auch rein vegetarisch, beispielsweise als Auflauf mit Käse überbacken, ein Genuss.

Lichters Desserts

Quarkbällchen

500 g Mehl
250 g Quark
40 g Hefe
1/8 l Milch
2 Eier
60 g Butter
geriebene Schale von
1/2 Zitrone
Fett zum Frittieren
Zucker zum Bestreuen

→ Kochkursthema: Hefeteig, Frittieren

Die Zutaten verarbeite ich zu einem lockeren Hefeteig, den ich in der Schüssel gut gehen lasse. Inzwischen habe ich das Fett in einem Topf heiß werden lassen. Nun steche ich mit einem Teelöffel kleine Bällchen ab und backe sie in dem schäumenden Fett goldbraun.
Ich hole die Bällchen mit dem Schaumlöffel aus dem heißen Fett, lasse sie abtropfen und lege sie dann auf ein Stück Küchenkrepp. Dann wende ich sie noch warm in Zucker.

Kalte Zitronenschaumsoße

1 Eigelb
1 Ei
1 TL weißes Mondamin
4 EL Zucker
Saft von 2 Zitronen
1/8 l Wasser oder Wein

Diese Soße ist köstlich und ebenso einfach zuzubereiten.
Ich erhitze Wasser in einem großen Topf und hänge einen kleineren Topf hinein, sodass er richtig von Wasser umgeben ist, das Wasser aber nicht in den kleinen Topf hinein gelangt – ein Wasserbad zum schonenden Erhitzen.
Ich verquirle zunächst alle Zutaten in einer Schüssel gieße das Gemisch dann in das heiße, nicht kochende Wasserbad und schlage es hier mit dem Handrührgerät schaumig. Dann nehme ich den kleinen Topf heraus und rühre die Soße beim Erkalten gelegentlich um.

Das Zitronenkännchen

Das Zitronenkännchen habe ich ganz liebevoll eingepackt von einem kleinen Mädchen geschenkt bekommen. Sie hat meine Fernsehsendung immer so gerne gesehen. »Das ist der Koch, der mit dem Gemüse spricht«, hat sie immer gesagt. Als ich dann einmal im Fernsehen eine Zitronensoße gemacht habe und mit den Zitronen gesprochen habe, erzählt habe, dass die Zitronen so traurig und sauer geworden sind, weil niemand sie pflücken wollte, weil sie nicht so schön orange waren wie die Apfelsinen, da war die Kleine nicht mehr zu halten, sagten die Eltern. »Ich möchte ihm unser Zitronenkännchen schenken, als Dankeschön von der Zitrone. Und wenn das Kännchen dann beim Horst steht, dann werden die Zitronen auch wieder süß.«

Vanillepudding

1/2 l Milch
150 g Zucker oder Vanillezucker
150 g Butter
100 g Speisestärke
9 Eigelb
15 Eiweiß
1 Pr. Salz
8 Vanilleschoten

→ Kochkursthema: Pfannkuchen – Eischnee

Ein selbst gemachter Vanillepudding – wer weiß denn heute noch, wie so etwas schmeckt? Viele halten ihren Pudding ja schon für selbst gemacht, wenn sie ein Pülverchen anrühren und nicht das Plastikpöttchen aus dem Kühlregal kaufen. Aber ein richtiger echter Pudding ist schon ein bisschen aufwändiger, daher mache ich immer gleich eine größere Menge: Dieses Rezept reicht für 20 Portionen. Mit Frischhaltefolie bedeckt, hält sich der Pudding im Kühlschrank ein paar Tage – aber in der Regel wird er im Nu aufgefuttert!

Pudding lässt sich nicht schön portionieren, deswegen fülle ich ihn gern von vornherein in kleine Portionsförmchen. Die Förmchen streiche ich innen mit Butter aus und bestreue sie mit Zucker, so kommt der Pudding nach dem Backen auch problemlos wieder heraus. Ja, ganz recht, ich bereite den Pudding im Backofen zu, allerdings sollte dieser nicht heißer als 150°C eingestellt sein, da der Pudding sonst leicht zusammenfallen könnte. Die befüllten Schälchen stelle ich in einen großen, flachen Bräter, den ich zur Hälfte mit Wasser fülle, das heißt der Pudding gart in einem klassischen Wasserbad.

Ich schneide die Vanilleschoten längs auf, damit das Mark austreten kann, gebe sie mit der Milch (etwa 2 Esslöffel Milch verwahren) und der Butter in einen Topf und bringe das Ganze zum Kochen. Dann gieße ich die – übrigens schon jetzt köstlich duftende – Vanillemilch durch ein Haarsieb in einen neuen Topf. Zu versuchen, die Vanilleschoten einzeln wieder herauszufischen hat nämlich gar keinen Sinn.
Die Eiweiß schlage ich mit dem Zucker zu Schnee.

Die Eigelb verrühre ich dagegen mit der Stärke und der restlichen kalten Milch. Diese Masse gebe ich unter ständigem Rühren in die kochende Vanillemilch und lasse alles zusammen aufkochen.
Nun nehme ich den Topf vom Herd, hebe so schnell ich kann den Eischnee unter und fülle die heiße Masse in die Förmchen (nur ¾ voll). Nach etwa 25 Minuten im Backofen ist der Pudding fertig. Nun muss er noch abkühlen und kann dann gestürzt werden. Beim Servieren sind der Naschkatzen-Fantasie keine Grenzen gesetzt: frische Früchte, Schokoladensoße, Schlagsahne, Haselnusskrokant oder auch alles zusammen – dieses Dessert macht glücklich!

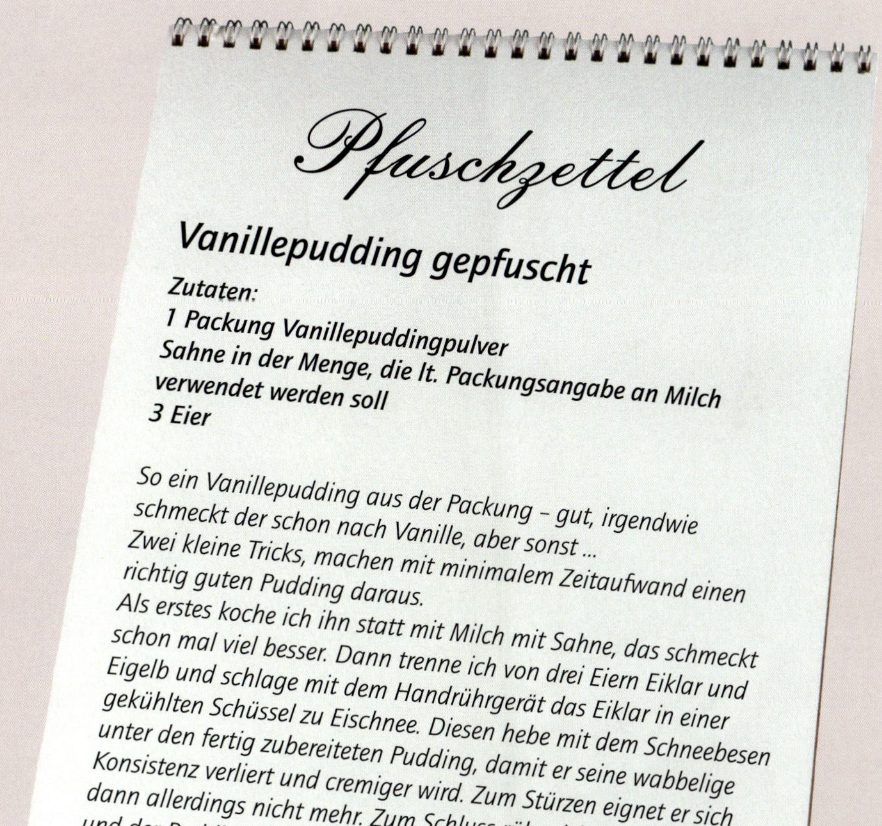

Pfuschzettel

Vanillepudding gepfuscht

Zutaten:
1 Packung Vanillepuddingpulver
Sahne in der Menge, die lt. Packungsangabe an Milch verwendet werden soll
3 Eier

So ein Vanillepudding aus der Packung – gut, irgendwie schmeckt der schon nach Vanille, aber sonst ... Zwei kleine Tricks, machen mit minimalem Zeitaufwand einen richtig guten Pudding daraus.
Als erstes koche ich ihn statt mit Milch mit Sahne, das schmeckt schon mal viel besser. Dann trenne ich von drei Eiern Eiklar und Eigelb und schlage mit dem Handrührgerät das Eiklar in einer gekühlten Schüssel zu Eischnee. Diesen hebe mit dem Schneebesen unter den fertig zubereiteten Pudding, damit er seine wabbelige Konsistenz verliert und cremiger wird. Zum Stürzen eignet er sich dann allerdings nicht mehr. Zum Schluss rühre ich das Eigelb unter und der Pudding bekommt eine traumhafte Farbe.

CLASSIC MANX GRAND PRIX
EPSON

SAFETY MATCH

So ein Quark

Als kleiner Junge wollte ich unbedingt einmal in Urlaub fahren, und zwar nicht mit meinen Eltern mit dem Gogomobil in die Eifel wie sonst immer. Ich wollte alleine einen Kinderurlaub machen. Das war finanziell für meine Eltern nicht machbar. Aber meine Mutter hatte eine Idee: Wir schicken den Jungen mit den Nonnen in Kur! Das Problem war nur: Ich war gesund. Doch irgendwie hat meine Mutter so lange geredet und geredet, bis es schließlich klappte und ich für 6 Wochen nach Bad Kissingen fahren durfte! Nee, wat hab ich mich gefreut.
Ich kam an, und es ging schon beim Frühstück los: Es gab Quark, ein bisschen Obst und eine Scheibe Vollkornbrot. Ich mag keinen Quark, er schmeckt für mich wie verdorbene Milch.
Mittags gab es Quark mit einer Pellkartoffel und einem kleinen Scheibchen ganz magerem Fleisch. Abends: Quarkspeise.
Sehr bald fiel mir auf, dass die Nachbartische ganz andere, in meinen Augen köstliche Speisen aufgetischt bekamen! Ich konnte diese Ungerechtigkeit nicht verstehen und fragte weinend eine Nonne, womit ich diese Strafe verdient hätte. Da erfuhr ich, dass ich wegen meiner nicht vorhandenen Krankheit auf Diät gesetzt war. Sechs Wochen Quarkdiät!
Ich habe so viel abgenommen, dass meine Mutter sich richtig erschreckte, als ich nach Hause kam. Zur Begrüßung hatte meine Mutter einen Gugelhupf gebacken und dazu Kakao gekocht. Ich war so glücklich, wieder zu Hause zu sein, und aß soviel Kuchen, wie ich nur konnte, sodass ich mich die halbe Nacht übergeben musste – so etwas Gutes war mein Magen einfach nicht mehr gewöhnt!

Rhabarberkompott

Zuerst befreie ich den Rhabarber von den Blättern, die ich, wenn sie schön sind, zum Dekorieren verwahre. Wenn ich Glück habe, muss ich den Rhabarber gar nicht schälen, je nachdem, wie hart die Schale ist. Junger Rhabarber muss nur gewaschen werden, bevor er in halbfingerlange Stücke geschnitten wird. Ich bringe das Wasser in einem Topf zum Kochen und gebe die Rhabarberstücke und den Zucker hinzu. Nach etwa 5-10 Minuten ist der Rhabarber im geschlossenen Topf bei niedriger Temperatur weich gedünstet. Sollte das Kompott zu weich geraten sein, entnehme ich ein bisschen Saft aus dem Topf, lasse ihn abkühlen und rühre dann das Kartoffelmehl ein. Diese Mischung füge ich dann dem Kompott wieder zu und lasse sie etwa 3 Minuten mitdünsten.

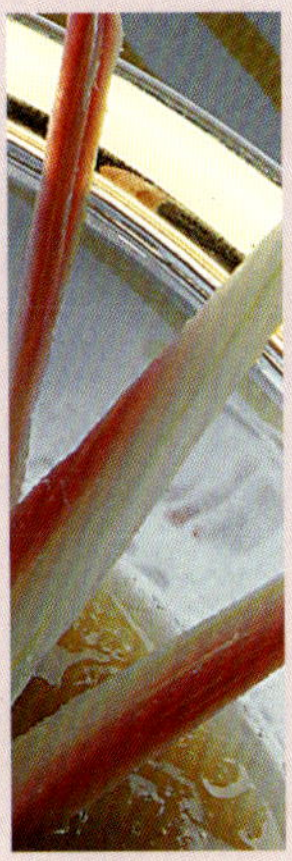

750 g Rhabarber
reichlich 1/8 l Wasser
150 g Zucker
evtl. als Bindemittel:
1 TL Kartoffelmehl

dazu:
geschlagene oder flüssige süße Sahne

Tipp!

Ich serviere das Rhabarberkompott gern in den gewaschenen Blättern, da das Kompott selbst optisch nicht unbedingt viel hermacht. Ob man nun Schälchen mit den Blättern auslegt oder die Blätter um Schälchen herumdrapiert, bleibt jedem selbst überlassen. Es empfiehlt sich, etwas geschlagene oder flüssige süße Sahne dazuzureichen, da manchen Leuten auch der gesüßte Rhabarber noch zu bitter schmeckt.

Rheinische Muzemandeln

375 g Mehl
1 TL Backpulver
3 Eier
3 EL Zucker
100 g Butter
geriebene Schale von
½ Zitrone
1 Pr. Salz
2-3 EL saure Sahne
Schmalz zum Backen
Puderzucker

Zunächst vermische ich in einer Schüssel das Mehl mit dem Backpulver und gebe dann die Eier, den Zucker, die Butter, die Zitronenschale und eine Prise Salz hinzu und verrühre alles mit dem Handrührgerät. Dann füge ich nach und nach so viel saure Sahne hinzu, dass ein mittelfester Teig entsteht. Erfahrungsgemäß sind dies zwei bis drei Esslöffel. Der Teig darf sich dann für ½ Stunde im Kühlschrank ausruhen, bevor ich ihn dick ausrolle. Ich erhitze das Schmalz in einem größeren Topf. Mit einem Esslöffel steche ich mandelförmige Stückchen Teig ab und gebe diese mit Hilfe eines zweiten Löffels zum Schwimmen in das heiße Fett. Mit dem Schaumlöffel fische ich die schön gebräunten Muzemandeln wieder heraus, lasse sie abtropfen und lege sie dann kurz auf ein Stück Küchenkrepp, bevor ich sie in Puderzucker wende.

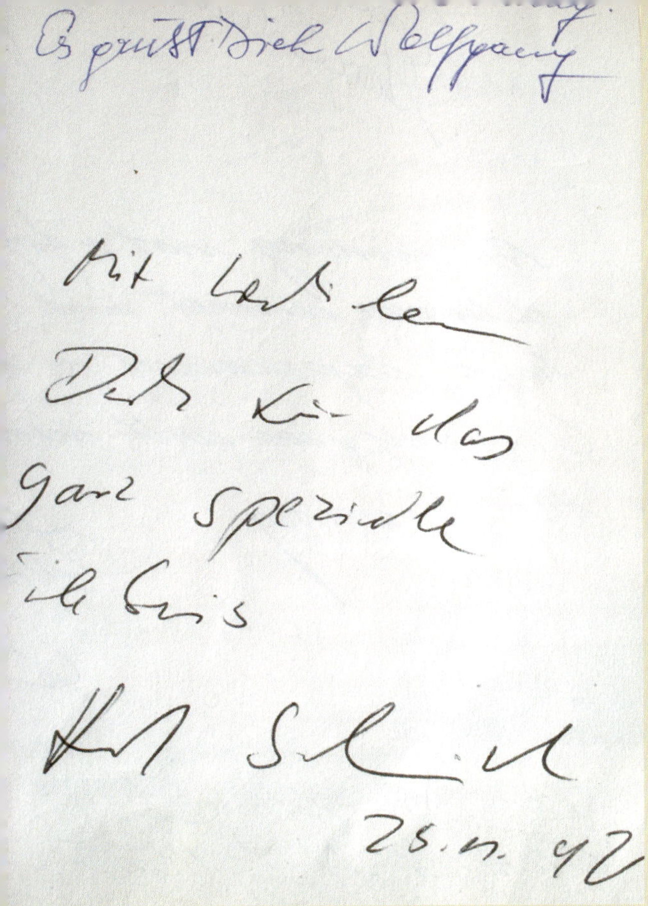

Harald Schmidt – gar nicht bissig

Als Harald Schmidt 1997 in die Oldiethek kam, kannte ich ihn nur aus seiner Late-Night-Show, in der er ja gerade am Anfang sehr bissig war. Das gefiel mir ganz und gar nicht. Ich mag es nicht, wenn jemand aufgezogen wird, weil er abstehende Ohren hat oder sich ein bisschen dumm anstellt. Ich bin eben ein kölsche Jong und sage immer: »Jeder Jeck ist anders.« Harald Schmidt aber spürte die Schwächen der Menschen auf und ritt darauf herum. Erst wollte ich ihn gar nicht erst begrüßen. Aber dann, habe ich ihn als ganz anderen Menschen kennen gelernt. Er war sehr interessiert, außerordentlich höflich und freundlich und – was mich besonders überraschte – ein sehr guter Zuhörer. Es war einfach das Konzept der Sendung nach amerikanischem Vorbild, die Leute fertig zu machen und in die Pfanne zu hauen.

Amarettotorte

Die Wiener Böden tränke ich sehr großzügig mit Amaretto. Am einfachsten geht das direkt aus der Flasche. Dazu packe ich die Flasche am Hals, verschließe die Öffnung mit dem Daumen und drehe die Flasche auf den Kopf. Jetzt kann ich die Flasche über den Boden schwenken und dabei mit dem Daumen prima dosieren. Die Böden erst unmittelbar vor der Bearbeitung tränken, weil sie sonst durchweichen und nicht mehr zu transportieren sind. Der erste Boden sollte also bereits auf der Unterlage liegen, auf der der Kuchen später auch serviert werden soll.
Die Birnen schäle und entkerne ich, dann schneide ich sie in schmale Schnitze. Weil die Birnen mindestens genauso durstig sind wie die Wiener Böden, dürfen die jetzt in ein Weinbad hüpfen. Hierzu erhitze ich etwa ½ Flasche Rosé zusammen mit 1 Esslöffel Kandis und koche die Birnen darin ein paar Minuten bissfest. Übrigens kann man hier auch variieren und anderes Obst nehmen: Im Sommer sind Erdbeeren sehr gut geeignet, aber es geht auch alles andere. Je nach Sorte entfällt dann das Kochen in Wein.
Inzwischen bestreiche ich den ersten Boden gleichmäßig mit Schokoladenpudding. Die Hälfte der abgetropften Birnen verteile ich darauf. Es folgt die zweite Lage, die genauso gemacht wird wie die erste: Wiener Boden auflegen, jetzt erst mit Amaretto beträufeln, den restlichen Schokopudding darauf verteilen, die betrunkenen Birnchen auf dieses weiche Bettchen legen und schön zudecken mit dem dritten Wiener Boden. Der wird nun auch erst hier oben mit Amaretto versorgt. Inzwischen habe ich bereits im Wasserbad die Blockschokolade in 200 ml Sahne geschmolzen. Ich verrühre die Schokolade mit der Sahne und verteile diese geschmeidige Masse nun von der Kuchenmitte her – am besten mit einem Teigschaber oder einem Messer (zwischendurch das Ablecken nicht vergessen!) – auf der Torte und bedecke auch die Seiten gleichmäßig.
Vor dem Servieren etwa eine Stunde im Kühlschrank stehen lassen, damit die Schokolade richtig knackig wird. Ich richte diesen Traum in Schwarz gern auf einem über und über mit Puderzucker bestreuten Dessertteller an, dazu eine Kugel Vanilleeis mit einem Schuss Eierlikör und als Farbkleckse einige bunte Beeren. Ein Genuss für Auge und Gaumen.

3 Wiener Böden (gibt es fertig zu kaufen, super sind solche mit Schokoladengeschmack)
4 Birnen
Amaretto
1 EL brauner Kandiszucker
½ Flasche Rosé
400 g Schokopudding
2 Stücke Blockschokolade
200 ml Sahne

Register